U0853243

孩子一看就停不下来的趣味历史

节日篇

爆笑漫画
古人生活

王阳·著
龙小爹·绘

湘潭大学出版社
XIANGTAN UNIVERSITY PRESS

版权所有 侵权必究

图书在版编目（CIP）数据

孩子一看就停不下来的趣味历史 ： 爆笑漫画古人生活 / 王阳著 ； 龙小爹绘 . -- 湘潭 ： 湘潭大学出版社，2023.3

ISBN 978-7-5687-0946-0

Ⅰ. ①孩… Ⅱ. ①王… ②龙… Ⅲ. ①中国历史－古代史－青少年读物 Ⅳ. ①K220.9

中国版本图书馆 CIP 数据核字 (2022) 第 234598 号
中华人民共和国自然资源部审图号：GS（2022）5813 号

孩子一看就停不下来的趣味历史 ：爆笑漫画古人生活

HAIZI YIKAN JIU TINGBUXIALAI DE QUWEI LISHI :

BAOXIAO MANHUA GUREN SHENGHUO

王阳 著 龙小爹 绘

责任编辑：张　蔚
封面设计：张艾米
出版发行：湘潭大学出版社
社　　址：湖南省湘潭大学工程训练大楼
电　　话：0731-58298960 0731-58298966（传真）
邮　　编：411105
网　　址：http://press.xtu.edu.cn/
印　　刷：三河市骏杰印刷有限公司
经　　销：湖南省新华书店
开　　本：880 mm×1230 mm 1/32
印　　张：21
字　　数：400 千字
版　　次：2023 年 3 月第 1 版
印　　次：2023 年 3 月第 1 次印刷
书　　号：ISBN 978-7-5687-0946-0
定　　价：128.00 元

前言

preface

这是一套写给孩子的趣味历史启蒙读物。不要担心，它并不是冷冰冰、枯燥乏味的书籍。历史不仅仅是由伟大人物和重大事件构成的，很多生活中的微小细节背后，都蕴含着厚重的历史。

好奇是孩子的天性，当他们拿起筷子吃饭时，坐上公交车外出时，拿起铅笔写字时，兴高采烈地迎接新年时，一定问过这些物品或节日的来历吧！

筷子在中国至少有 3000 多年历史，它看似普通，却被赋予了很多文化内涵：筷子有两只，代表阴阳合一；前圆后方，代表当时天圆地方的宇宙观；拿筷子时，拇指、食指在上，无名指、小指在下，中指在中，代表天、地、人三才……

这些我们成年人早已经习以为常的东西，却能带给孩子最好的启蒙。本丛书包括《节日篇》《饮食篇》《求学篇》《出游篇》四册，从诸多细节处入手，沿着原始社会到清朝末年的时间线，全面介绍中国古代的传统节日、饮食、教育和交通。

孔子说：“不知礼，无以立也。”中国是礼仪之邦，日常的衣食住行中也包含着很多礼节。一个懂礼节的人，无论到哪儿都是受欢迎的。书中在介绍古人日常生活的同时，也将中华礼仪融入其中，让孩子能够真正做到“知书达礼”，这是我们最美好的愿望。

为了能让孩子更好地理解，本丛书并不是对历史机械地描述，而是结合当时的时代背景，指出某种历史现象的原因，让孩子不仅能“知其然”，还能“知其所以然”。为了避免枯燥，书中还配有大量妙趣横生的插图，希望能给小读者带来一场别开生面的“穿越之旅”。

目录

contents

第一章 先秦

第二章 秦汉

第三章 魏晋南北朝

第四章 隋唐

第五章 宋元明清

第一章

先秦

第一节 原始崇拜

——节日从哪里来？

春节、元宵、清明、中秋……
你一定很好奇，这些节日到底是怎么产生的？

每个节日都有来历，都经过了独特的发展历程。下面，就让我们从头开始，跟随原始人的脚步，到原始社会去看一看节日是如何产生的。

在原始社会，早期人类的认知水平、生产力水平非常低，在危机四伏的大自然中，人类是相对弱小的一种生物。*猛兽、洪水等都会给人类造成致命的危险*。现代人眼中的一些自然现象，*他们却认为是由神灵掌控的……*

不过，在不同部族的眼中，神灵的样子是完全不同的。**有的部族把熊当成神灵，有的把蛇当成神灵，有的把鸟当成神灵，还有的把虎当成神灵……**这些神灵有个专业名词，叫**“图腾”**。原始人把图腾的样子刻在石头上，画在旗帜上，还要时不时地举行**盛大的祭祀活动**，以**祈求神灵的保佑**。这些祭祀活动，就是**节日的起源之一**。

图腾崇拜

国学小百科

图腾崇拜是一个在世界各地都普遍存在的文化现象。在缺乏自然科学知识的原始社会，人们相信，某种动物或植物与自己有着一定的亲属或其他特殊关系，便把它作为氏族的标志，并举行祭祀活动。中国的图腾文化起源于旧石器时代晚期，当时大多数氏族都有自己的图腾。比如，黄帝部落以熊作为图腾，少昊部落以鸟作为图腾，商王朝以玄鸟作为图腾……

在我国所有的图腾中，***龙最有名，流传最广***。很多历史学家都认为，龙是伏羲部落的图腾。

虽然在我国很多古代典籍中都有关于龙的记载，但没有人真正见过龙，龙是一种虚构的生物。***一般来说，龙都是以鹿角、驼头、兔眼、蛇项、蜃腹、鱼鳞、鹰爪、虎掌、牛耳的形象出现，威风凛凛。***

传说，龙神通广大，可以腾云驾雾，还掌管着天下的降水，甚至是**皇帝的象征**。不过，在不同的记载和传说中，龙的形象和能力也不尽相同。在长达上千年的时间里，龙的形象一直在不断演变，最终成为我们现在看到的样子。

龙崇拜的影响非常深远，直到现在，我国很多地方过节时还有***舞龙灯、赛龙舟***等***和龙相关的习俗***。咱们中国人甚至自称为***“龙的传人”***。

随着时间的推移，人们逐渐掌握了种植作物的方法。农业产生后，***粮食成为人类主要的食物来源***，于是影响作物生长的***风、雨、雷、电***等自然现象，都成为人们***崇拜的对象***。

天上不下雨，庄稼就会缺水，没有收成；下的雨太多，庄稼又会被淹死，人们照样得饿肚子。当时的人认为，天地和人一样，都是有喜怒哀乐的，庄稼的收成完全看它们的“心情”。所以，必须举行***祭祀活动***，***把最好的食物留给神灵享用，它们一高兴，就会风调雨顺，庄稼就能丰收***。

天地崇拜，早在***夏商时代***就已经存在了。那些古代遗址出土的商代甲骨上，就有很多关于祭祀大地的记载。

当时的人还特别***崇拜太阳、月亮和星辰***，因为它们给人们带来了***光明***和***能量***。有了光，植物和动物才能生长，人们才能劳动和生存。比如，***一直传承到现在的中秋节，就源于古人对月亮的崇拜。***

除了原始崇拜，很多节日和风俗还来源于***古人的禁忌***。比如，***北方在过寒食节时要禁火***，这种传统就源自原始社会的禁火习俗，因为***北方春季天干物燥，容易引发火灾***……

这些禁忌和习惯流传下来，慢慢就成了固定的***节日风俗***。

总之，早在原始社会，我们的祖先就已经在生产生活中总结出了很多经验，并把这些经验变成习俗固定了下来，希望能***避免灾难、祈求幸福，成为节日最重要的起源之一***。

第二节 节日与历法

——哪一天才是新年的开始？

要了解节日，就不得不先了解*历法*。在农业产生之前，我们的祖先过着*“山中无历日”*的生活，只知道跟随*日升日落劳动和休息*，不用关心测定时间的方法。

可是，进入农业社会之后，历法就变得非常重要了。作物*什么时候播种，什么时候灌溉，多长时间收获，*这些都需要历法的帮助。于是，在长期的生产生活中，人们逐渐根据*月亮与太阳的变化规律，把日月交替、昼夜交替称为“一日”，把月亮从新月到满月的一个周期称为“一个月”*。

从新月到满月的月相变化图

后来，人们又发现，***每过三个月，气候就会发生一次明显的变化***，这就是***春、夏、秋、冬四季交替的现象***。四季变换，对农作物的播种、管理和收获起着决定性的作用。***四季交替一次，就被称为“一年”。***

有了日、月、年的概念，历法就产生了，人们可以根据历法来安排生产，而且再也不用盲目生活了，节日的固定也有了基本的依据。

国学小百科

历法

早在新石器时代，我国就有了历法。《史记》中记载，帝尧时，由官员羲和负责管理历法，指导人们进行农业生产；夏代已经开始使用天干纪年，商代使用干支来纪日，到了周代，中国有了确切的纪年法。

对于“**年**”的叫法，每个时期都不太一样。

尧舜	夏朝	商朝	周朝
载	岁	祀	年

不仅如此，对于一年开始和结束的时间，各个时期也不相同。比如，***夏朝把一年的开始定在农历一月初一，商朝定在十二月初一，周朝定在十一月初一。***

商朝的风俗与原始社会大致相同，以*祭祀为主*。周朝之后，风俗活动比原来丰富得多，也文明得多。

周朝时，辞旧迎新、*庆祝丰收的腊祭*，是*一年中最重要的“节日”*。腊祭时，天子会*大杀群牲*，用来*祭祀神灵和先祖*。还会举行*盛大的宴会*，*大宴群臣和诸侯*。乐工们吹起雅乐，人们载歌载舞，非常欢乐。

腊

腊月指一年的最后一个月，也就是现在的农历十二月，还有除月、清祀、嘉平、季冬、暮冬、杪月、暮节、暮岁、穷纪等各式各样不同的叫法。关于“腊”字的含义，历来有很多不同的说法。汉代的《风俗通义》中说，“腊”通“猎”，意思是用打猎获得的野兽来祭祀祖先；还有一种说法认为“腊”是“接”的意思，在新旧交接时祭祀祖先和神灵，叫作“腊祭”。

国学小百科

对于老百姓来说，***腊祭也是难得的休息时间***。***《诗经·豳（bīn）风·七月》***中就记录了当时的场景：

十月之后，地里的活就结束了。一家人把收获的粮食藏进谷仓，放下锄头，封好门和窗子，用烟把家里的老鼠熏出去，再把屋子烧得暖烘烘的。一家人聚在一起，拿出珍藏的美酒，端上热气腾腾的羊肉，***其乐融融地享受难得的闲暇***。

总之，*周代*已经有了*固定的风俗*，并且作为“礼”，成为*统治阶级治理国家的工具*。天子会告诉百姓，只有他可以和神灵沟通，沟通的方式就是*占卜*。

当时的腊祭虽然每年都举行，但没有固定的日期，*祭祀的日子靠天子占卜来决定，所以还算不上真正的节日。*

第三节 上巳风俗

——三月是最热闹的时节

每年三月的第一个巳日（俗称“三月三”），人们就会走出家门，聚集在河边，举行消除不祥的祓禊（fú xì）仪式，这一天叫作“上巳日”，是后世上巳节的起源。

祓禊，每年于春季上巳日在水边举行祭礼，洗濯去垢，消除不祥。

汉代学者应劭在《风俗通义》中说，上巳节早在殷周时期就已经成形，朝廷还专门设置了女巫主持。这一天，帝王也会带着自己的嫔妃和官员，乘车到郊外参加活动。

国学小百科

祓禊

古人认为，三月是阴阳交替的时候，最容易生病，所以应该到水边举行祭礼仪，清洁身体，洗涤污垢和不祥，称为“祓禊”。

除了洗浴，上巳节还有各种丰富多彩的活动，其中最重要的一项就是***祭祀高禖神***——古代传说中***掌管生育和婚姻的神灵***。

此外，在上巳日的河中，你偶尔还会看到一枚鸡蛋从眼前漂过。不用迟疑，大胆地捡起来吃吧！这种活动叫作***“浮卵”***。在这一天，人们会把煮熟的鸡蛋放进河中，让它们顺水漂流，谁都可以捡起来吃掉。这种风俗就是后来***“曲水流觞”的起源***。

中国有句谚语“***清明谷雨两相连，浸种耕田莫迟延***”，意思是清明和谷雨是两个相连的节气，到这时就要赶紧播种了，不然就会误了农时。而且，***在繁忙的农活开始之前，人们会祭祀先祖，祈求一年风调雨顺***，这就是后世***清明节***的起源。

清明谷雨两相连，
浸种耕田莫迟延。

国学小百科

节气

节气是上古农耕文明的产物，它指导农业生产，有十分悠久的历史。汉代时，“二十四节气”被纳入《太初历》作为历法的补充。节气与节日是两个完全不同的概念，不过，很多节日都是从节气演变过来的，比如清明。

周代虽然形成了很多固定的风俗，但是，这些风俗都被统治阶级固化成为**“礼法”**。***风俗的重点也都在祭祀上。***人们只能按照礼法的规定，按部就班地执行命令。无论对于贵族还是百姓来说，都少了很多欢乐的气氛。

第四节 百里不同俗

——各过各的节，各吃各的饭

进入春秋战国时期，周代的“礼法”开始崩溃，奴隶制下的百姓也变为***自耕农***，冲破“礼”的枷锁，民间风俗得到了发展。所以，***春秋战国时期成为华夏民族风俗的起源时代***，很多流传到现代的风俗都能在当时找到根源。

除夕是一年中最重要的节日，根据***《吕氏春秋》***记载，春节前夕，家家户户都会用***桃木刻成神荼和郁垒的神像，悬挂在大门口，用来防止妖魔鬼怪的侵害***。

后来，人们嫌刻像太过麻烦，就***在桃木板上画出神荼、郁垒的样子，再写上他们的名字***，这就是***“桃符”***的起源。

门神

神荼和郁垒是最古老的门神。传说，沧海中有个叫度朔山的地方，山上有一棵巨大的桃树，树下守着两个神灵，一个叫神荼，一个叫郁垒，专门负责抓捕妖魔鬼怪。为了保障人们的安全，黄帝让人用桃木制成神荼和郁垒的样子放在门口。在民间传说中，神荼和郁垒没有固定的样子，只知道他们的相貌十分凶恶。

国学小百科

到**三月**，人们还会迎来一个重要的节日——**寒食节**。

根据**《周礼》**记载，当时有专门的官员——**“司炬”负责管理禁火**。仲春时节，北方气候干燥，到处都是易燃的草木。为了防止发生大火，人们在这时都要把火熄灭，然后举行盛大的祭祀活动，接着，**重新钻取新火，称为“改火”**。在改火之前，家家户户都必须准备好充足的冷食，因为这段时期是严禁生火的。最初，**寒食节的禁火时间很长，最长时有100多天**，对人们的生产生活造成了很大的影响。

随着时间的推移，禁火的命令越来越宽松，最终被取消。

介子推与寒食节

根据史料记载，晋国的公子重耳，曾在外流亡19年。大臣介子推始终追随着他，不离不弃。后来，重耳回国做了国君即晋文公，励精图治，成为春秋时期的第二位霸主。这时，介子推已经带着母亲隐居到了绵山上。晋文公想让介子推做自己的大臣，亲自带人到绵山寻找，可是，介子推无论如何也不愿意出来。无奈之下，晋文公命人放火烧山，结果把介子推烧死在山上。为了纪念介子推，晋文公下令，介子推遇难这一天，所有人都不能烧火做饭，只能吃冷食，所以，这天也被称为寒食节。

国学小百科

到*五月初五*，南方的越人会举行盛大的龙图腾祭祀活动，其中最重要的一项就是***龙舟比赛***。***人们划着刻成龙形的独木舟，在鼓声中竞相追逐***，到处都是号子声、划水声、加油声、欢笑声，十分热闹。这就是端午节龙舟比赛的起源。

还有传说认为端午节是为了***纪念屈原***而举行的，说法不一。

不过，同样在五月初五，北方很多地区的人们却把它当成***“恶月”“恶日”***，这个时候不管做什么都是不吉利的，连出生在这天的人也会被认为对父母有害，一辈子难有什么出息。五月初五当天，所有人都要***用兰花泡水清洁身体，以避灾求福。***不过，这种说法属于迷信，历史上很多名士都是五月份出生的。

秋天是收获的季节。到八月中旬，收获之前，家家户户都要**祭拜土地神和月神**，以**祈求粮食丰收**，这时举行的祭祀叫作**“秋社”或“秋报”**。

这种拜月活动也是后世中秋节的起源之一。

嫦娥

战国时期，人们相信月亮上住着一只蟾蜍，把月亮叫作“蟾宫”。《山海经》中还说，月亮上有个叫常羲的神女，是上古帝王帝俊的妻子，传说是后来嫦娥的原形。

国学小百科

古人认为，九是阳数，***九月初九这一天正好是两个阳数***，所以被称为***“重阳”***。

早在上古时代，人们就有***在九月举行祭祀***的传统。在这一天，天子会举行大型宴会，杀牛宰羊，祭祀神灵和祖先，以感谢他们的保佑。战国时期，某些地方还有了以菊花为餐的习俗。***屈原的《离骚》***中就有“***朝饮木兰之坠露兮，夕餐秋菊之落英***”的句子，意思是早晨饮用木兰上的露滴，晚上用菊花残瓣充饥。不过，后世重阳节的各种习俗，这时都还没有形成。

春秋战国时期就是这样。由于长期分裂割据，加上频繁的战争，各个地区的风俗都不同，形造成了***“百里不同俗”***的局面。

第二章

秦汉

第五节 从春节到端午

——统一的国家才能有统一的节日

先秦时期虽然已经形成了一些节日风俗，但是，不同地区的风俗差异很大，没有形成统一的节日。直到秦汉时期，***国家统一***之后，节日才逐渐固定下来。

根据史料记载，秦汉时期已经有十几个节日，包括***正旦***、***元宵节***、***上巳日***、***端午***、***七夕***、***重阳***、***冬至***、***腊日***等。由于秦朝统治时间很短，又常年动乱，所以，接下来的内容主要以汉朝为主。

历法是节日的基础。

汉朝之前，每次改朝换代，统治者都要更改历法、易正朔，*重新确立一年的开端。*

*百节年为首，从汉朝开始，新年就是中华民族最隆重的节日。*从十月开始，人们就要为新年的祭祀活动酿造*冬酒*了。到新年的前三天，家长要负责督促家人清洁身体，用酿好的酒祭祀先人。

正月

“正朔”指一年开始的头一天，也就是过春节的意思。“正”指的是“正月”，“朔”指“初一”。汉朝之前，夏朝把元月作为正月，商朝把十二月作为正月，周朝把十一月作为正月，秦朝把十月作为正月。汉朝初期沿袭秦制，也把十月作为正月。汉武帝登基后，命司马迁、唐都、落下闳等人，根据测量的天象和天文记录，创造了全新历法——太初历，把正月作为岁首，正式采用二十四节气。从此之后，正月初一才真正成为一年的开始，把正月的第一天称为“元旦”，一直沿用到清末。

国学小百科

除夕是一年的最后一天。汉代人非常迷信，在欢度新春时，认为驱邪和祈福一样重要。所以，汉代时，**在除夕这天挂门神的风俗传遍了大江南北。**

不过，神荼、郁垒这两位门神虽然威武，却只能把邪恶拒之门外，想把家里的恶气驱除干净，还要在除夕夜举行另一项活动：**逐傩**。逐傩时，人们会穿上青色衣服，戴上大红头巾，敲起鼓，跳起舞。有人还会戴上面具，**专门扮演辟邪的神灵“方相氏”，希望能够驱除疫病。**

汉代的逐傩活动非常盛大，就连皇帝都会亲自主持和参加。

国学小百科

傩神

傩神是传说中一类可以驱除瘟疫的神灵，起源于原始社会为驱疫而举行的祭祀活动。在举行活动时，有人会戴上面具扮演傩神，伴有击鼓、游行等活动。后来，这种活动发展出傩戏、傩舞等形式，开始在固定节日进行演出，场面也越来越盛大。

到晚上，一家人会坐在一起，吃上一顿比平时丰盛的晚饭。*晚辈要向长辈敬酒，祝福长辈长寿，以显示尊老的传统。*这时还没有形成独特的节日食物。

当雄鸡昂首高唱，东方露出鱼肚白时，新的一年就到来了。汉代人把*初一*称为*“元旦”“上日”或“元日”*，这一天的庆祝活动比除夕夜还要热闹。

早在汉代，中国就有了放爆竹的习俗，人们会在庭院中生一堆火，把**竹子**放在里面烤，发出“噼里啪啦”的声响。据**《神异经》**记载，**放爆竹是为了驱除一种能够传播疾病的怪物。**

放完爆竹之后，一家老小前去***祭祖***，祭祖时还要饮用***“椒柏酒”***。这种酒是用花椒和柏叶制成的。汉代人认为，***椒柏酒有解毒和避瘴气的功效***。饮酒时，要从最小的孩子开始，最后才是年长的老人。饮完椒柏酒后，还要喝用桃枝、桃叶和桃茎煮成的桃汤。

接下来，小孩就可以穿上妈妈做的新衣服，跟着大人出去走亲访友、祝贺新年了。什么，你说压岁钱？汉代确实已经有压岁钱了，当时叫***“压胜钱”***。不过，这种钱不是市面流通的货币，而是一种专门铸造的辟邪物品，上面刻着各种吉祥的祝福和图案。

国学小百科

压岁钱

压岁钱也叫“压祟钱”，在古汉语中，“祟”指的是不吉利、不正当的事物，长辈在除夕夜给晚辈发压岁钱，是希望能够驱除邪祟，保佑后辈平安。关于压岁钱的记载，最早出现于汉代，叫“压胜钱”。宋元时代，在春节给孩子发压岁钱成为全国性的固定风俗。明清时期，长辈会用红线把铜钱串起来放在床脚下，希望孩子长命百岁。到现代，压岁钱已经改成了红包的形式，无论多少，红包都包含着长辈对晚辈的爱和美好祝福。

在路上，你还能看到各种华丽的马车正赶去给皇帝拜年。根据汉代的规定，***官员们要在元旦这一天，根据职位的不同给皇帝准备不同的礼物，***皇帝会设宴款待群臣，准备丰富多彩的娱乐项目，感谢他们一年的辛苦。

据记载，汉安帝时期，就连外国的“***魔术师***”都来到宫中，为皇帝表演“吐火”等戏法，赢得满堂喝彩。

元宵节，起源于汉代。在统治者的带头推广下，***元宵节悬挂灯笼的习俗很快就遍布城乡。***汉代有严格的宵禁制度，夜里是坚决不允许出门的。不过，皇帝特地下令，***正月十五及前后各一天，人们可以走出家门，观灯赏月。正月十五张灯结彩的习俗，在这时就算正式形成了。***

两汉时期的***上巳节***，还是***以祓禊和沐浴为主***，***就连皇帝也不例外***。《史记》中记载，汉武帝曾经在郊外的河中春浴，经霸上回京。

东汉时，上巳节已经成为一种全民性的娱乐节日，洛阳的活动尤其盛大，人们成群结队地来到水边，嬉戏游玩、宴饮聚会、吟诗作赋。

汉代时，随着国家的统一，南北风俗逐渐融合，端午节的习俗也渐渐产生。

根据史料记载，***汉代人过端午节时，要用红色的绳子装饰大门，还要用红、黄、白、黑、青五种颜色的线编成“长命缕”绑在手臂上，以驱除恶气。***

*汉代*时，在端午节*吃粽子已经形成风俗*，当时的粽子也叫*“角黍”*。跟现在不同的是，当时的粽子不是用竹叶和糯米制成的，而是用菰叶裹黍米制成，再用草木灰的水煮熟。

东汉后期，*五月初五的节日活动已经和屈原联系在了一起，端午节初步成形。*

国学小百科

粽子

菰是一种常见的水生植物，也叫“茭草”“茭白”。黍米就是大黄米，是我国传统的“五谷”之一。早在春秋时期，古人就已经用菰叶把黍米包成牛角的形状，制作“角黍”了。端午节吃粽子的起源有几种不同的说法。根据文学家蔡邕的说法，吃粽子是为了纪念介子推。而根据南方楚地流传的说法，端午吃粽子是为了纪念屈原。屈原是战国时期楚国的爱国诗人，传说他在五月初五抱着石头自沉汨罗江，以身殉国。为了纪念他，人们便在每年的这一天把“角黍”投入水中用以祭祀。

总之，早在汉代，大部分习俗都已经基本定型，虽然后世有各种各样的改变，但***春节仍是中国最盛大的节日。***

第六节　从七夕到腊八

——秋冬的节日一样热闹

“牛郎”和“织女”这个传说究竟起源于什么时候，我们已经无法准确地知道了。但是，根据文献记载，*殷商时代“织女星”的名字就已经出现了*，而且，在*《诗经》*中，人们已经把人间的纺织业和织女星联系在了一起。到*战国时代*，织女和牛郎的传说逐渐形成。到*汉代*，随着男耕女织经济形式的正式确立，织女星和牛郎星也被赋予人格，成了*一对被天河隔开的苦命鸳鸯……*

民间传说中，这对情侣会在七月初七相见。这一天，喜鹊还会在银河上搭建一座桥梁，为这俩人提供帮助。于是，**七月初七**就**成了七夕节**。在这一天，人们纷纷走出家门，聚在一起看牛郎星和织女星相会，七夕节的风俗开始逐渐形成。因为，七夕是牛郎织女相会的日子，于是这一天也有了爱情的美好含义，人们会把五色丝线绑在一起，称为**“相连爱”，祈求自己能够拥有一段完美的姻缘。**

七夕节虽然源于神话传说，却深受百姓的喜爱，***这是一个十分浪漫的节日，反映了人们对美好爱情的追求、对富足生活的向往，也是中国的“情人节”。***

不过，这对苦命的鸳鸯在汉代还没结婚呢。

由于织女掌管着天下的纺织，所以，在七夕，最重要的一件事就是**“乞巧”**。

这一天，***少女们会聚在一起比针线活儿，看谁穿针最快、缝衣最好，希望能在这一天得到织女的祝福，拥有一双巧手***。

所以，***七夕节也叫“女儿节”“乞巧节”等***。另外，汉朝时已经有了在七夕当天晾晒过冬的棉衣这样的风俗。

农历八月十五日是***我国传统的中秋节***，“中秋”这个词最早出现在成书于***汉代的《周礼》***：***中春时节，要击鼓奏乐以迎暑，中秋夜里也要这样做。***这里说的“中秋”，实际上是“仲秋”，也就是秋季的第二个月，并不是我们现在所说的中秋节。《周礼》中说的，是一种祭月的活动。

汉代时，人们还没有过中秋节的习俗，***主要活动还是以拜月为主，逐渐演化出赏月。***至于吃月饼，那都是很久以后的事了。

国学小百科

嫦娥奔月

汉代虽然还没有中秋节，但嫦娥奔月的传说已经十分流行了。汉代《淮南子》中记载，羿向西王母请来不死药，自己舍不得吃，藏在家中。妻子嫦娥得知后，就趁羿出门，偷吃了不死药，飞到月宫中变成了蟾蜍。后来，嫦娥奔月的神话衍生出很多版本，人们觉得嫦娥在月亮上实在可怜，还“送”了她一只兔子呢！

汉代时，重阳节虽然还没有最终成形，但已经形成很多固定的风俗，而且十分流行。到九月时，各家都会选择一个“良辰吉日”，家人们团聚在一起，祭祀各路神灵。到***九月初九这一天，无论男女老幼，都要在身上佩戴茱萸，登高望远，饮菊花酒。***

国学小百科

茱萸

茱萸是一种生长在温带地区的植物，可以入药。传说中，茱萸有治疗瘟疫和辟邪的功效，所以深受人们喜爱，被称为“辟邪翁”。关于佩戴茱萸，汉代还有个很有意思的传说：

相传，汝南有个叫桓景的人离家学习道术。有一天，师父突然对他说：“九月初九那天，你家将会有大祸发生，破解的方法就是做一个彩色的袋子，把茱萸装在里面，缠在手臂上，登上高山饮菊花酒。”桓景十分害怕，赶紧回到家中，按照师父的吩咐行事。到了九月初九这天，家中的牲畜果然死绝，但家人们因为佩戴茱萸外出而安然无恙。

汉代人认为，重阳这一天，清气上升，浊气下降，登高可以更多地接触清气，避免被浊气侵害。

冬至

中国有句古话“冬至大如年”，意思是冬至这一天和新年一样重要。

对于汉代人来说，冬至既是节气，也是节日。

《后汉书》中说，冬至前后，无论皇帝、官员，还是商人、农民，都要放下手头的工作，互相串门，拜访祝贺，亲朋好友要在一起聚餐庆祝。皇帝还要在这一天举行祭天典礼，祈求来年风调雨顺。

不过，汉代虽然还没有冬至吃饺子的习俗，却有热气腾腾的羊肉汤可以喝。

冬至过后，转眼就进入了*腊月*。***汉代继承了前代“腊祭”中驱傩的传统，明确了冬至过后的第三个戌日为“腊日”。***

汉代腊日祭祀的对象，包括列祖列宗和五位家神：***门神、户神、天窗神、灶神、行神。***为了辟邪，还要在家里的四角埋上圆石和七枚核桃。不要找腊八粥了，当时还没有喝腊八粥的习俗。

总之，***汉代是我们中华民族节日的形成期***。这一时期，虽然很多节日还有原始崇拜的严肃氛围，但是，娱乐活动已经渐渐多了起来。后世节日中的各种风俗，也是从这时逐渐固定下来的，是整个民族的宝贵遗产。

第三章

魏晋南北朝

第七节 及时行乐

——过节就要玩起来

魏晋南北朝时期，沿袭了汉代春节的大部分风俗。随着士族门阀和玄学的兴起，士人们**开始追求物质和精神享受**，节日中**驱邪求神的沉重氛围逐渐淡化**，转向轻松和愉快。

接下来，就让我们穿越到**一千多年前**，看看当时的人是怎么“玩”起来的。

为了玩得更痛快，魏晋南北朝时期甚至把腊祭中的驱傩也移到了除夕，规模大了不止一倍。由于南北差异，南朝和北朝的驱傩仪式也不太一样。

《隋书》中说，南朝齐时，***驱傩舞要选240个10到12岁的孩子***，其中***120人穿着黑衣击鼓***，另外***120人穿着红衣甩鞭***，震天的鼓声在鞭声、掌声、叫好声的衬托下，把节日的气氛推到了高潮。

北魏时期，为了显示国威，每到除夕，北魏的皇帝都会让士兵拿着盾牌和长矛，骑兵举着长刀和弓箭，在鼓声中变换阵形，往来对抗，把**驱傩仪式变成了军事演习。**

中国人重视家庭、重视团圆，春节是一家人团聚的重要日子。***魏晋南北朝时期，除夕夜“守岁”的风俗已经十分盛行。***

守岁

从战国时期开始，古人就开始用金、木、水、火土来命名五大行星了。古代的天文学家通过观察发现，木星每12年运行一周天，与地支的数量相同，木星每运行一次，就是一岁。所以，“岁”才有了“年”的含义。晋代周处在《风土记》中说，除夕之夜，大家互相赠送礼物，称为“馈岁”；一家人欢聚在一起吃年夜饭，互相祝福，叫作“分岁”；一整夜不睡觉，全家灯火通明等到天亮，叫作“守岁”。直到现在，很多地方还有“守岁”的风俗。

国学小百科

除了守岁，南北朝在除夕夜还兴起了另一项活动：**乞如愿**。

每到除夕夜，妇女会先***用纸片剪一个人形，扔进土堆里，再用木棍敲打土堆，大喊“乞如愿”***，希望能在来年心想事成，事事如愿。

除夕之后，就迎来了元旦。

避邪成为元旦的一项重要活动，无论百姓还是皇帝、大臣都不能免俗。据***《风土记》***记载，当时的人***用雄黄制成蜡丸，按照男左女右的方式戴在胳膊上，用来辟邪。***

魏晋南北朝已经有了过人日的习俗。过人日时，男女老幼都会戴上一种叫作“人胜”的人形头饰，用七种蔬菜做成羹汤，还用红纸剪成花的形状，贴在屏风或头发上，十分有趣。文人还要约上三两个好友，登高赋诗。

国学小百科

人日

汉代《占书》说，女娲创造生灵时，正月初一造鸡，初二造狗，初三造猪，初四造羊，初五造牛，初六造马，初七造人，所以，正月初七是属于人的日子。现在，人日虽然已经不是全国性的节日，但是，在某些地区仍然保留着人日的传统。

到正月十五元宵节时，除了观灯，家家户户都要**祭祀门神**。方法十分有趣：***先在门上插杨柳枝，然后按照杨柳枝所指的方向，摆上酒、肉干和豆粥，插上筷子进行祭祀。***而且，这种粥必须爬到屋顶上吃。

祭祀完门神之后，还要用白粥**祭祀蚕神**。

茅厕

正月十五晚上还要在厕所备上香案和贡品，迎接紫姑。不要误会，紫姑不是厕神，而是占卜和蚕桑之神。之所以在厕所迎接，是因为传说她是被害死在厕所中的。

我国夏历把每月的最后一天称为**“晦日”**，正月的最后一天叫作**“初晦”**。在这一天，无论是生活在南朝还是北朝的人们，都会和好朋友们一起游山玩水、聚会谈天，妇女们还会在水边洗衣服祈福，希望能够避灾。

总之，在**魏晋南北朝时期**，节日风俗中虽然还保留着很多迷信的成分，但是已经产生了很多娱乐活动，南北方也开始逐渐融合。

第八节 从寒食到冬至

——分裂下的节日演变

魏晋时期，寒食节已经成为一个重要节日，时间在冬至后的第 105 天或第 106 天。晋代时，皇帝认为晋朝和春秋时期的晋国同名，介子推又是忠孝双全的义士，于是大力推广介子推的事迹，恢复了禁火和冷食的习俗，但时间改为 3 天。从此之后，***寒食节就和介子推牢牢地“绑”在了一起，并成为全国性的节日。***

寒食节习俗

国学小百科

在寒食节之前，人们就要准备好那几天要吃的食物，主要包括醴酪和大麦粥，有些地区还有吃凉粉和凉面的习俗。醴酪是一种用糯米和杏仁制成的食物，吃起来清凉可口。寒食节当天，人们都要到墓前祭祀祖先，就连官员也要请假回家。当然，对于爱玩、爱热闹的魏晋南北朝人来说娱乐也是必不可少的项目。《荆楚岁时记》中就提到，在节日当天，人们会进行丰富多彩的娱乐活动，包括斗鸡、蹴鞠、挑菜等，非常热闹。

魏晋时期，上巳节已经固定在每年农历的三月初三。 由于当时的士人崇尚自然、追求自由，形成了纵情山水的风尚，所以，上巳节中驱邪祈福的意味减少了很多，取而代之的是踏春赏景的意趣。我们说过的 ***“曲水流觞”*** 就是这一时期产生的。在上巳节这天，***皇帝和大臣们会在水边宴饮，文人在水边聚会。***

曲水流觞

国学小百科

曲水流觞是我国古代的一种习俗，后来演变为文人的一种雅事。上巳日举行完祓禊仪式之后，人们会坐在河渠的两边，把酒杯放在上流，让它顺流而下，停在谁面前，谁就要端起酒杯，一饮而尽。王羲之流传千古的《兰亭集序》中就有对这项活动的记载。

魏晋南北朝继承了汉代端午节吃粽子和龙舟竞渡的传统，北方虽然仍然把这一天当作“恶日”，但已经改善了不少，还产生了***踏百草、训鹦鹉、举行宴会等***娱乐活动。

由于当时长期处于战乱之中，所以，除了在***门上悬挂艾草、饮菖蒲酒避恶***，人们还用***五色丝线制成日月、星辰、鸟兽等形状，作为“避兵缯”佩戴在胸前***，并以此为珍贵的礼物互相赠送，***希望能够躲避战乱，长命百岁***。***“避兵缯”也叫“长命缕”，寄托着人们对和平的向往***。

这一时期，牛郎织女的传说更加盛行，***文人们创作了很多歌颂牛郎织女爱情的佳作。***文人们除了作诗，还继承了***汉代在七夕晒衣晾被的传统***。不过，他们晒的是书。

当时有个叫赫隆的人，十分放荡不羁。七月初七这天，所有人都在晒书，他却躺在地上，把衣服敞开。有人问他在做什么，赫隆慢吞吞地说：“***我也在晒书。***”

到了晚上，人们把庭院打扫干净，摆上各类水果和香案，在桌边穿针引线，希望能够向织女“乞巧”。如果碰到一种叫喜子的蜘蛛在贡品上结网，人们就会喜出望外，认为自己得到了织女的青睐。

这一时期，除了可以向织女“乞巧”，还可以**“乞子”“乞财”“乞福”**等。

中秋、重阳和前代的风俗基本相同，只是影响更大，就***连皇帝也加入了登高望远的队伍。***为了能够在山上休息，他们还给自己修建了亭子。

魏晋南北朝也过冬至，除了沿袭前代的活动，还增加了***喝红豆粥***的习俗。***传说传播瘟疫的恶鬼最怕红豆，这样可以避免瘟疫。***

第九节 宗教节日

——中外文化在节日中的融合

南北朝时期，随着佛教和道教的发展，**宗教对节日和风俗产生了很大的影响。**

一方面，一些宗教节日开始出现并成为**全民性的节日**；另一方面，原本的节日风俗里加入了很多宗教内容。

农历四月初八是浴佛节，传说这一天是佛祖释迦牟尼的诞辰，所以也叫“**佛诞节**”。早在东汉时期，一些寺院就已经开始举办浴佛节了。魏晋南北朝时期，浴佛节的规模不断扩大，成为全民性的节日。

浴佛节当天，寺里的僧人会起个大早，***用浸着香料的水清洗佛祖的太子像***（释迦牟尼出家前曾经是印度一个王国的太子），以***纪念佛祖的诞生***，各地的信徒也会在清晨赶来参加仪式。仪式结束后，信徒还能获得寺里免费发放的糖水和豆子。

“七月半”原本是上古时期民间的祭祖节，它的诞生可追溯到上古时期的祖灵崇拜以及相关祭祀。

七月十五日是佛教的**盂兰盆节**，是**佛教徒为缅怀先祖而举行的节日**，“盂兰盆”，意思是**“救倒悬”**。中国的盂兰盆节起源于**梁武帝萧衍**，他每年七月十五日都要前往佛寺，用车送去很多食物，设“盂兰盆斋”。从此之后，历代帝王和百姓纷纷效仿，还增加了举办道场、在水里放灯等活动。

不过，***《道书》***中说，道教有***三元节***，正月十五是***上元节***，也就是***元宵节***；七月十五是***中元节***；十月十五是***下元节***。节日习俗主要有***祭祖、放河灯、祀亡魂、焚纸锭、祭祀土地等***。

总之，魏晋南北朝时期是节日的丰富和发展期，***宗教和地区的融合给传统节日和风俗带来了很大冲击，促进了民族融合和文化交流，***丰富了人们的节日生活，很多风俗都流传至今。

第四章

隋唐

第十节 盛世节俗
——隋唐节日的奢靡之风

隋唐是中国古代最繁荣的时代之一。随着经济和文化的繁荣，节日和风俗也变得更加丰富多彩起来，*奢靡之风盛行*。

*隋炀帝*是个十分奢侈的皇帝。皇宫里通宵达旦地大摆宴席，歌舞升平。每到正月，隋炀帝都要在端门外建起绵延八里的彩棚，进行盛大的歌舞演出。参加演出的人员穿着华丽的服装，最多时有三万人。*从正月初一直到十五，从清晨到黄昏，前来观看的人把道路挤得水泄不通。*

然而，皇宫中灯火通明，一片繁华的盛世景象，皇宫之外很多百姓却连饭都吃不起，过年对他们来说，没有什么值得高兴的。

唐朝建立之后，经过长时间的发展，经济逐渐繁荣，百姓的生活也越来越好了，节日中欢乐的气氛也就浓烈了起来。

为了家家户户都能团圆，朝廷会给所有人放长达七天的***除夕“元正假”***。

趁着难得的假期，人们纷纷走上街头采办年货。***食材***、***美酒***、***桃符***，这些都是必不可少的。

对于唐朝人来说，守岁是过年时最重要的事，就连皇帝也不例外。百姓家里当然也热闹无比，一家老小其乐融融地围坐在饭桌前，桌上摆着丰盛的年夜饭。除了***肉类***，***五辛盘***（用五种辛辣的食材混在一起做成）、***胶牙饧***（麦芽制成的糖）和***椒柏酒***都是必不可少的。唐代还没有过年吃饺子的习俗。

随着***子时***的到来，街上钟鼓齐鸣，这时，“守岁”的人会纷纷起身，***晚辈给长辈磕头，说一些祝福的话***。磕头的时间、次数和礼仪都有严格的要求。

大年初一，唐代叫***“元日”***。唐代元日的活动与前代基本相同，官员们要在清晨赶到皇宫朝拜皇帝，做一些歌功颂德的诗作和文章。皇帝也会赏赐群臣椒柏酒，设宴款待群臣。

百姓过元日要轻松得多。清晨起床之后，***先祭祀先祖，喝屠苏酒或椒柏酒***。接着在院子里放“爆竹”——用火烧竹子。当时已经有人把一串竹节挂在长杆上点燃，称为***“爆竿”***。唐代诗人来鹄的《早春》中就有“***新历才将半纸开，小庭犹聚爆竿灰***”的诗句。

国学小百科

火药

火药是我国的四大发明之一，也是中华民族对世界最伟大的贡献之一。据史料记载，火药配方是炼丹的道士无意间发现的。唐代初期的名医孙思邈就曾经在书中记载过火药的配方。后来，有个叫李畋的人把火药装进竹子里，制成了最早使用火药的爆竹，用来驱散瘟疫，被奉为花炮行业的祖师。大约在12、13世纪，火药经阿拉伯传入欧洲，对人类文明产生了巨大的推动作用。

唐朝人爱交际，爱热闹。正月初一这天，家家户户都会准备丰盛的宴席迎接前来拜年的客人。在这一天，你可以走到哪吃到哪，还有个专门的名称叫**“传座”**，这种习俗现代很多地方仍然保留着。你还会看到门神已经换人了。画中这位长得五大三粗的人叫**钟馗**，**降妖除魔**是他的拿手好戏。

钟馗像

钟馗

据《唐逸史》记载，钟馗本是唐代的一个武人，生前考武举落第，撞死在皇宫的石阶上，死后成了捉鬼的神仙。一次，唐玄宗因病卧床不起，睡梦中见到一个小鬼想要害自己，这时，钟馗突然出现，制服了这个小鬼。唐玄宗惊醒后，病立刻好了。于是，唐玄宗招来“画圣”吴道子，让他按照自己梦中的样子画出钟馗像挂在宫中。在皇帝的推广下，钟馗慢慢取代神荼、郁垒，成为新门神。

国学小百科

在唐代过年，有一件事千万要注意，在***除夕和元日这两天，家里的垃圾是坚决不能扔出门的***。当时的人认为这样会造成家财外流，这种习俗现在很多地方仍然保留着。还有，***如果有用坏的扫帚，要在夜里用大火烧掉；穿坏的鞋子，要在院子里挖坑埋起来***。对当时的人来说，这些都是十分重要的风俗。

元日过后，转眼就到了正月十五上元节，也就是我们现在说的**元宵节**。唐代十分重视上元节，唐玄宗颁布的***《假宁令》规定给官员们放七天假。这是中国最早关于元宵节放假的规定。***

唐代经济繁荣，国力空前强大，加上皇帝大力推广，花灯的规模十分浩大，比隋炀帝时还要奢靡。**《朝野佥载》**中说，唐睿宗时期，安福门外就有一座高达 20 丈（约 60 米）的巨大灯轮，上面用五彩绸缎装饰，悬挂着几万盏花灯，还有几千名宫女在灯轮下起舞三日，一派繁华的盛世景象。除了**巨型灯轮**，唐代的皇帝们还研究出了**“灯树”“灯楼”**等不同的花样。

唐代上元夜，点亮花灯的不止长安和洛阳这样的大城市，就连乡间的人们也乐此不疲地穿梭在花灯之中。在灯光的映衬下，有谈情说爱的恋人，有翩翩起舞的少女，有吟诗作赋的诗人，还有“牵勾”（拔河）的青年。

在欢声笑语中，地上的灯火与空中的圆月相映成趣，辛劳了一年的人们享受着难得的放松时刻。

第十一节 寒食与清明

——唐代的“黄金周”

隋唐时期，清明节已经成为一个独立的节日，并且逐渐合并了**寒食节**。不过，唐代寒食节仍然有禁火三天的传统，而且十分严格。

相传，检查禁火的方式也十分特别：***拿一根鸡毛到各家的灶台上掠一下，如果鸡毛卷曲，证明这户人家生过火，必须接受惩罚。***

《辇下岁时记》中说，禁火结束之后，皇帝会召很多园吏的孩子进宫，在殿前钻榆木或柳木取火，最先钻到火的孩子会得到很多赏赐，包括一个金碗。为了表示对大臣的恩宠，皇帝还会把新火赐给亲近的臣子。唐代诗人韩翃写的***《寒食》***里就有“***日暮汉宫传蜡烛，轻烟散入五侯家***”的句子。

日暮汉宫传蜡烛，
轻烟散入五侯家。

得到新火的大臣还会把烧焦的枝条挂在门上，炫耀皇帝对自己的重视。这种风俗世代沿袭，到后来，清明时家家户户都会在门上插上柳条。不信你问一问家里的长辈，说不定他们还插过呢！

这可是皇上赐的！
为什么要在门上插柳条呢？

“***百善孝为先***”，中国人历来讲求孝道，***扫墓是对祖先的缅怀，也是孝道的重要体现。***无论南方还是北方，***清明节扫墓***已经成为一种通行的风俗。

唐代前期，经常有官员因为扫墓耽误工作。唐玄宗时，这种现象更加普遍。于是，唐玄宗下令，在***寒食和清明放假 4 天***，让官员们安心扫墓。后来，假期增加到了 7 天，***成为唐代的“黄金周”***。

清明正是春回大地、万物复苏的时节，唐朝人好不容易迎来“黄金周”，除了传统的“踏青”和祭祖活动，爱玩的唐人还给节日***增加了很多娱乐活动***，就连皇帝也不例外。

除了荡秋千，斗鸡、蹴鞠、打马球等娱乐活动都深受人们喜爱。比如，唐玄宗时期，每年清明节到来时，宫里就会竖起一架巨大的秋千，可以让宫人们痛快玩耍。这种风俗从宫里传到民间后，一时间风靡全国，杜甫的诗里就有“***万里秋千习俗同***”的句子。

清明节过去不久，又到了**端午节**。唐代皇帝十分重视端午节，经常在这一天大宴群臣，并赏赐扇子作为礼物。而且，端午节已经彻底告别了“恶日”的风气，除了传统的**赛龙舟、戴艾草**等活动，还增加了很多其他娱乐活动，其中最值得一提的是“**射粉团**”。

射粉团起源于唐玄宗时期，当时，每逢端午，宫里都要**制作很多粉团粽子放在盘中，再制作一张小巧的弓箭，只有射中盘中粉团粽子的人才能吃**。这种游戏后来传到民间，很快风靡整个长安。

唐代时中秋节在北方已经十分流行。这时的中秋节已经脱离了原来拜月的传统，成为一个赏月和聚会的节日。在赏月的同时，很多诗人都留下了经典名篇。

唐玄宗对赏月这件事十分重视，为了玩得尽兴，他还在宫里专门建造了一座**“赏月台”**，让杨贵妃和宫人们穿着华丽的服装大跳**《霓裳羽衣舞》**，引发后人无限遐想。

国学小百科

霓裳羽衣舞

《霓裳羽衣舞》是唐代的宫廷乐舞，相传为唐玄宗所作，在开元和天宝年间盛行一时，“安史之乱”后逐渐失传。关于这支舞曲的来历，历来有很多说法，还产生了很多浪漫的神话故事，最有趣的要数《龙城录》中的记载了：相传开元六年，唐玄宗与两位道士一同赏月，提出想去月宫游玩。道士便作法带着玄宗飞入月宫，看到仙女正在翩翩起舞。回到人间之后，玄宗便将在月宫看到的舞蹈编成《霓裳羽衣舞》教习宫人。

总之，在唐代，无论是祭祖的清明节，还是纪念屈原的端午节，都少了很多禁忌，多了一些轻松愉悦的氛围，这与当时经济的繁荣是分不开的。

第十二节 千秋节

——皇帝生日也要过节

接下来，我们来看一个唐玄宗“原创”的节日。隋唐之前，皇帝生日属于私事。不过，从开元十七年（729 年）开始，***皇帝的生日***就成了一个全国性的节日——***千秋节***，取“***千秋万代***”的含义。

*《旧唐书》*中说，第一次举办千秋节时，唐玄宗宣布全国放假三天，举办大型宴会，他自己则带着心爱的杨贵妃到花萼楼观看大型舞蹈表演，官员们都趁机作诗给皇帝祝寿。*《唐会要》*记载了千秋节的盛大场面：天还未亮时，穿着金甲的金吾卫就引导仪仗队入场，后面还跟着角抵、百戏等各种杂技演员，再后面还有上百匹大象、犀牛、舞马等，场面十分隆重。

庆祝活动结束之后，官员们会向玄宗进献铜镜，玄宗也会赐给四品以上官员铜镜，称为“***千秋镜***”。受这种风气的影响，民间也有了***八月初五互赠铜镜的风俗，寓意幸福长寿。***

唐玄宗之后，历代帝王大多沿袭这种“千秋节”的做法，把自己的生日设为国家节日，就连混乱的五代十国时期也没有中止。在皇帝的带动下，***民间百姓也开始为家中的长辈庆贺生日。***

一个月后，**重阳节**又到了。唐代时，重阳节成为正式节日，被列入**“三令节”之一**。

对唐代人来说，重阳节不仅要登高望远、游山玩水，还要赏菊作诗，饮菊花酒，吃重阳糕，只有一天显然是不够的。于是，重阳节被提前到了九月初八，结束时间也推迟到了九月十日。

唐代赏菊的风气十分盛行，很多诗人都留下了和赏菊有关的诗句，比如杜牧的“**尘世难逢开口笑，菊花须插满头归**”。对于唐代的文人雅士来说，没有菊花，简直没法过重阳。

重阳节除了饮菊花酒，还要吃**重阳糕**。重阳糕是用面粉、枣、栗、肉等材料制成，重阳糕不仅要自己吃，还要赠送给亲朋好友，取“糕”与“高”谐音，祝愿对方**节节高升**。送给亲朋好友的，叫“送糕”；请出嫁的女儿回家吃糕，叫“迎宁”。

三令节

“三令节”指农历二月初一中和节（一开始是二月初一，后来改为二月初二）、三月初三上巳节、九月初九重阳节，唐德宗时期被正式确立为国家节日。中和节时，皇帝要大宴群臣，赐给他们刀、尺；百官要进献农书和谷物；民间要相互赠送装着谷物和种子的青色袋子，以祈祷粮食丰收。上巳节的风俗与前代类似，只是规模更大了。

国学小百科

唐代人过腊八，除了团聚宴饮，还有很多新风俗。

唐代**《岁华纪丽》**中记载了一个叫尹轨的人在腊八时和神药的故事，当时流传度很广。反映到节日风俗上，就有了皇帝腊八赐药的传统。这些药包括红雪、紫雪、面脂、口脂、澡豆等。同时，唐代吃**“腊八粥”**的风俗也已经从寺庙广泛流传到了民间，在冰天雪地的腊月，吃上一碗热气腾腾的“腊八粥”，**暖胃又暖心**。

国学小百科

腊八药

红雪和紫雪都是中药，一般放在盒子里一起赏赐。唐诗中有“黄金合里盛红雪，重结香罗四出花”的句子；面脂和口脂属于个人日常用品，类似于现代的面霜和唇膏，可以预防脸冻裂、嘴唇干燥，杜甫就写过“口脂面药随恩泽，翠管银罂下九霄”的诗句；澡豆是沐浴使用的清洁用品，也是佛经中洗澡必备的物品之一，类似于现代的香皂，唐朝人有腊八沐浴的风俗。

总之，到**隋唐时期**，中国的传统节日已经基本成形，**节日风俗也越来越娱乐化、大众化，繁荣的经济还给节日注入了很多奢侈的风气**。

第五章

宋元明清

第十三节 年画与春联
——世俗化的宋朝节日

宋代的节日风俗基本沿袭了唐代，**元旦、元宵、中和节、寒食、清明、社日、端午、七夕、中秋、重阳、除夕等节日**，构成了绚丽多彩的节日体系。不过，作为中国古代商品经济最繁荣的时期，加上科技尤其是印刷术和鞭炮技术的发展，宋代的节日比起唐代来更加热闹。

前面咱们已经了解了很多节日风俗，接下来就一起去宋代看看有哪些**发展和变化**。

*《梦粱录》*中说，每到除夕，人们就开始忙着打扫家门口，挂钟馗像、钉桃符。不过，到宋末时，虽然很多富贵人家仍把神荼和郁垒作为门神，但在民间百姓家，这两位神灵已经“光荣下岗”，*唐代*名将*秦叔宝*和*尉迟恭*代替他们成了新任门神。一直到现在，很多地方的门神还是这两位。

秦叔宝和尉迟恭

国学小百科

秦叔宝名秦琼，尉迟恭名尉迟敬德，两人都是唐代的开国名将。中国古代的门神丰富多样，除了我们提到的神荼、郁垒，秦叔宝、尉迟恭，钟馗等人，还有温琼、岳飞组成的武门神，魏徵、包公、海瑞、文天祥等人组成的文门神，甚至连猪圈、马圈上都有焦赞和孟良组成的门神，本意都是驱邪纳祥。

随着印刷术的发展和普及，宋代还有了贴年画的传统，不过并没有普及全国。中国现存最早的年画就是宋代的***《隋朝窈窕呈倾国之芳容》***，上面是***王昭君、赵飞燕、班姬和绿珠四位古代美人***。另外，宋代虽然也挂桃符，但是，桃符上的门神已经换成了春联。

国学小百科

春联

春联是对联的一种，最早的对联出现在三国时代。到宋代时，民间已经有了贴春联的习俗，到明清时期十分流行，是中国传统文化的瑰宝。春联一般由上联、下联和横批组成，上下联要字数相同，讲究对仗工整，平仄协调，一般贴在门上或家里的楹柱上，内容大多是抒发美好愿望，祈福纳祥等。中国古代以右为尊，书籍都是从右往左写。所以，看春联时，一般右边是上联，左边是下联。

除了年画和春联，宋代时，用纸筒和麻茎裹火药制成的“**编炮**”（即**鞭炮**）已经十分流行。**三更（23:00~1:00）时分，城里城外的“编炮”就会响成一片**，到处弥漫着白色的烟雾，给节日增添了不少欢乐的气氛。

“元宵”即指***“上元节夜晚”***，也指一种叫做“元宵”的食物。在宋代，***正月十五吃元宵***已经成为一项传统，当时的元宵被称为***“浮元子”“乳糖元子”***等。

*元宵节*是春节后最热闹的节日，宋代皇帝为了玩得高兴，把元宵节一直延长到了正月十八，花灯的规模和样式也比唐代丰富了不少，其中最有代表性的就是“*灯山*”。“灯山”就是用棚子搭成山的形状，再把彩灯安装在棚子上，十分壮观。

如果你想拥有一盏属于自己的花灯，可以去灯市购买，无论大城还是小镇，都有专门卖花灯的市场。更有趣的是，宋代的花灯上已经有灯谜了，如果感兴趣的话，你也可以猜猜看。*灯谜也叫“文虎”*，是中国特有的娱乐活动，类似于现代的*猜谜语*。南宋时期，文人们为了显示才学，经常在元宵节时把谜面贴在花灯上，吸引过往行人猜谜。

你知道谜底吗？
嘴里含玉
（打一字）

接下来，咱们看看*宋代*的中秋节。北宋时期，中秋节被正式定在八月十五。文学作品中有“***小饼如嚼月，中有酥与饴***”的说法，吃月饼在宋代已经成为一项传统，风靡大江南北。除了月饼，***螃蟹、石榴、新酒等饮食***也十分受人们欢迎。

南宋时，中秋夜还有了***放灯***的传统。不过，这些灯不仅有挂在棚子上的，还有放在水中的，一度多达数十万盏。一到中秋，人们就围在水边看灯放灯，场面十分壮观。

国学小百科

月饼

月饼是中华民族的传统美食，吃月饼也早就成为中秋节的特有风俗。圆圆的月饼象征着团圆，早在明代，送月饼已经成为一种对团圆的美好祝福。随着时代的发展，月饼的制作越来越精细，馅料也越来越丰富。各地的月饼风味不同，到现在，已经形成了京、晋、苏、广、潮五种风味系列。

宋代对冬至十分重视，每到冬至这一天，朝廷都会举办盛大的庆典活动。家家户户除了去庙里烧香，还要做馄饨。富贵人家为了追求与众不同，会精心挑选十几种颜色不同的食材包进馄饨里，十分有趣。

冬至

冬至既是二十四节气之一，也是十分隆重的传统节日。从冬至这一天开始，白昼逐渐增长，黑夜逐渐缩短，太阳就像重获新生一样。所以，古人把这一天看作“大吉之日”。冬至时，北方很多地区都有吃饺子的习俗，南方一些地区则有吃烧腊、吃汤圆等习俗。

国学小百科

总的来说，宋代大部分节俗都沿袭了唐代。由于经济的发展和南方的进一步开发，比起唐代来，宋代节日的范围更广，娱乐活动也更加丰富。

第十四节　节日定型

——元明清时期的节日风俗

到了**元代**，除了继承宋代风俗，又有了一些新的发展。

你有没有听过“**二月二，龙抬头**”这句话？根据古代的历法，到**农历二月初二**这一天，苍龙星会慢慢出现在地平线上，万物焕发生机，就像龙抬起了头一样。到元代时，已经有了“龙抬头”的明确说法。

二月二这一天，北方人一定要吃面，这叫“**龙须面**”；家里还要烙饼，叫作“**龙鳞**”；包的饺子叫作“**龙牙**”。总之，不管吃什么，都一定要和龙联系起来。

元代还有一项特别活动——**“游皇城”**，并逐渐形成了一个独特的风俗。

每年的**二月二十五日**，**几千人的大型仪仗队带着一面白色的伞盖周游皇城内外**，队伍中还有**乐队和戏队，绵延三十里，为众生驱除不祥，祈求福祉**。这一天，很多百姓都会前来围观，卖艺的、杂耍的、卖各类物品的小贩也会赶来，十分热闹。

明清时期是中国传统节日的成熟时期，不仅继承了前代各种风俗，还更加完备和细致，我们现在过节时的风俗基本都是在这个时期定型的。

明代时，原本的木制桃符已经彻底改为纸质的***春联***，而且十分普及。无论官员还是百姓，家家户户都会在除夕当天在门口贴上大红色的春联，看上去十分喜庆。

清代时，春联发展出了很多形式，已经不是春节的专属了。结婚时要贴红色的**喜联**，丧事要贴白色或黄色的**寿联**，就连山上的亭子、庙的门口也有对联。

明清时期，**春节贴年画**的习俗也十分流行，甚至产生了三大流派。天津的“**杨柳青**”采用木版套印和手工彩绘相结合的方法，画法细腻，喜气吉祥；苏州的“**桃花坞**”继承了宋代的雕版印刷工艺，画风朴实，热烈活泼；潍坊杨家埠的年画受“**杨柳青**”风格影响，到清代乾隆时期到达顶峰，当地有“**画店百家，画种过千，画版上万**”的说法，产品销往全国，年产百万张，可见当时贴年画的风俗已经十分盛行。

正月十五元宵节，也是明代最盛大的节日之一，这一点从放假时间上就能看出来。**《明会典》**中说，从正月初八到正月十八，全部官员放假，欢度元宵！

在持续十天的节日盛典中，除了看花灯、猜灯谜、吃元宵、看烟花等活动，**舞狮**在明代时也加入了元宵节的阵营。

明清时期，清明扫墓的风俗已经遍及大江南北。清明这一天，不仅各家门口会插上柳枝，路上的行人也都戴着用柳枝编成的头冠。人们拿着酒壶，提着食盒，到先祖坟前，清理一下坟头的杂草，添上一点新土，表达对先祖的缅怀之情。清代时，寒食节与清明节已经完全成为同一个节日，而且还多了一个**放风筝**的习俗。

明清时期的端午节风俗变化不大，但规模比原来要大得多，尤其是***龙舟竞渡***，已经从原来的吴越地区扩大到了东南沿海和其他南方地区。除了少水的北方，到端午这一天，到处都是鼓声、呐喊声和龙舟的破水声。当时，最大的龙舟有十几丈（1 丈约等于 3.3 米）。

除此之外，端午节还吸收了辽、金的***射柳活动***：在地上插一根脱去皮的柳枝，骑马射箭，射中的人算赢。宋代虽然也有射柳活动，却是在三月初三举行的。

明清时期的七夕仍然有乞巧的风俗，除了前代的方式，还有一种有趣的新方法：中午时，先在院子里放一盆水，等水上浮满一层灰尘和杂质后，把一根针放在上面，这时，针就会漂起来。接着看水下的影子，如果是鸟兽、花纹或剪刀等形状，就是得了巧。

至于明清时期的中秋、重阳、冬至等节日，风俗与前代基本相似，没有什么大的变化，咱们就不一一介绍了。

总之，**明清时期，中华民族的节日风俗已经基本定型，南方和北方风俗进一步融合在一起，节日的内容也偏向大众化和娱乐化，大部分风俗都一直延续到现在。**

第十五节 不一样的节俗

——丰富多彩的少数民族节日

在长达几千年的时间里，中国一直是个多民族国家，每个少数民族都有自己的传统节日，这些节日也同样传承了上千年，节日的氛围一样热闹欢快。接下来，就让我们一起去节日现场看一看吧！

在中国的北方，有一片天然的巨大草原，那里是***内蒙古***，生活着热情奔放的蒙古族，他们以放牧为生，热爱音乐和舞蹈，被称为“***马背上的民族***”。

每年农历***六月***会举行蒙古族传统的“***那达慕***”大会，在蒙语中，“那达慕”就是“***游戏***”“***娱乐***”的意思。牧民们骑着马从四面八方赶到会场，搭起无数顶帐篷，庆祝属于草原儿女的丰收。

按照古代传统，***“那达慕”大会的第一项活动是祭敖包。***

敖包

敖包也叫“鄂博”，是蒙古族重要的神灵和祭祀载体，是一种用石块或土堆垒起的建筑物，多为圆锥体，建造在山顶或丘陵，在内蒙古各地十分常见。敖包既有单独的，也有由一个大型敖包和几个小型敖包组成的敖包群。为了表示对神灵的虔诚，古时蒙古人在经过敖包时，都要下马参拜，还要往敖包上添加几块石头或土。清代时，蒙古人每年五月都会举办盛大的祭敖包活动，“那达慕”大会举办前也有类似活动。

国学小百科

“那达慕”大会上有三项重要的竞技比赛：***赛马、摔跤和射箭***，这些都是蒙古汉子必须掌握的技能。

夜幕降临后，盛大的比赛也会暂时告一段落，牧民们会在帐篷周围的空地上***燃起篝火***，然后在悠扬的马头琴声中，手拉着手纵情歌舞，会场中弥漫着烤肉和马奶酒的香气，伴着欢声笑语，一直飘到很远的地方。

直到现在，***“那达慕”大会仍然会在每年农历的六月初四举办***，比赛形式比原来更加丰富，前来参加的人也比原来要多得多。

现在，让我们把目光移到中国的西南。*云南地区生活着傣族、阿昌族、布朗族、佤族、德昂族等众多少数民族*，按照傣历（傣族使用的历法）计算，*泼水节就是他们的新年，一般在 4 月 13 日到 15 日举行*。

泼水节当天要沐浴更衣，先到佛寺祭拜，由妇女们挑水为佛像洗去尘土。

泼水活动开始前，要先用*树枝蘸水*，礼节性地洒水。之后，无论男女老少，都会拿着*水盆或水桶互相泼水*，追逐嬉戏，到处都是欢笑声和水声，场面十分热闹。

泼水之后，还有**赛龙舟**、**点孔明灯**、**歌舞表演**等活动。

到现在，泼水节仍然是傣族最盛大的节日。**2006年，这项民俗被列入中国第一批国家级非物质文化遗产名录。**

新疆地区生活着能歌善舞的维吾尔族，古尔邦节是维吾尔族人一年中最盛大的节日。***“古尔邦”是阿拉伯语的音译，原意是“献牲”，也叫“宰牲节”***。

古尔邦节的前一天，人们会把家里打扫干净，准备节日要吃的馓子和花花等食物。

在古尔邦节当天清晨，**每个人都要在清晨沐浴，赶到清真寺参加礼聚。**

之后，家家户户都要举行**宰牲典礼**，亲手宰杀牲畜，把肉留给自己一份，送给亲友和邻居一份，还要施舍给穷人一份。

宰牲典礼完毕之后，还要把大块的肉放入锅里煮熟，削成片后，才能出门**走亲访友，送上节日的祝福**。到了晚上，人们还会聚在一起举行**各种娱乐活动**，音乐、舞蹈、美食和醇酒，将节日欢乐的气氛推向了顶峰。

我国有**55个少数民族**，**每个少数民族都有自己独特的节日**。除了我们前面说的那达慕大会、泼水节、古尔邦节，还有满族的虫王节、鄂伦春族的篝火节、藏族的望果节、彝族的火把节等，每个节日都寄托着人们对美好生活的向往，也是中华文化不可分割的一部分。

孩子一看就停不下来的趣味历史

出游篇

爆笑漫画
古人生活

王阳·著
龙小爹·绘

湘潭大学出版社
XIANGTAN UNIVERSITY PRESS

前言

preface

这是一套写给孩子的趣味历史启蒙读物。不要担心，它并不是冷冰冰、枯燥乏味的书籍。历史不仅仅是由伟大人物和重大事件构成的，很多生活中的微小细节背后，都蕴含着厚重的历史。

好奇是孩子的天性，当他们拿起筷子吃饭时，坐上公交车外出时，拿起铅笔写字时，兴高采烈地迎接新年时，一定问过这些物品或节日的来历吧！

筷子在中国至少有 3000 多年历史，它看似普通，却被赋予了很多文化内涵：筷子有两只，代表阴阳合一；前圆后方，代表当时天圆地方的宇宙观；拿筷子时，拇指、食指在上，无名指、小指在下，中指在中，代表天、地、人三才……

这些我们成年人早已经习以为常的东西，却能带给孩子最好的启蒙。本丛书包括《节日篇》《饮食篇》《求学篇》《出游篇》四册，从诸多细节处入手，沿着原始社会到清朝末年的时间线，全面介绍中国古代的传统节日、饮食、教育和交通。

孔子说：“不知礼，无以立也。”中国是礼仪之邦，日常的衣食住行中也包含着很多礼节。一个懂礼节的人，无论到哪儿都是受欢迎的。书中在介绍古人日常生活的同时，也将中华礼仪融入其中，让孩子能够真正做到“知书达礼”，这是我们最美好的愿望。

为了能让孩子更好地理解，本丛书并不是对历史机械地描述，而是结合当时的时代背景，指出某种历史现象的原因，让孩子不仅能“知其然”，还能“知其所以然”。为了避免枯燥，书中还配有大量妙趣横生的插图，希望能给小读者带来一场别开生面的“穿越之旅”。

目录

contents

第一章 先秦

第二章 秦汉

第三章 魏晋南北朝

第四章 隋唐

第五章 宋元明清

第一章

先秦

第一节　披荆斩棘

——走的人多了，也就有了路

原始社会时期，人类没有交通工具，***出行只能靠自己的双腿。***

可怕的是，出行“路上”充满着各种未知的危险和挑战：**野兽、毒蛇、虫子、灌木、荆棘……**人类的脚掌过于脆弱，根本没有办法落脚。

所以，**开辟道路是原始人需要做的第一件事。**

原始人使用的工具是石器，锋利程度跟现在的工具没法比，与其说是“披荆斩棘”，不如说是把荆棘“砸”断。所以，在当时，开辟道路实在是一件苦差事。

不过，有些路是**靠经验开辟出来的**。比如，在沼泽地带行走，一旦陷进去，就很难再走出来了。所以，开辟这样的道路要依靠经验。

就这样，错综复杂的道路网逐渐形成了，但这些路大都很窄。而随着工具的改进和生产力的提升，人们在野外获得的**猎物越来越多**，**怎样把猎物带回部落**，成了一个让人头疼的问题。

后来，人们想到一个好办法：**用藤条把粗树枝绑在一起**，不就可以放很多猎物了吗？这种工具就像没有轮子的车一样，可以在地上拖行。随着时间的推移，人们不断改进这种工具，**发明了“拖撬”**。

不过，拖撬使用起来十分费力……慢慢地，**原始人想到在物品下放置圆木**，利用这种方法来运输物品。

再后来，**原始人想到把拖撬和圆木运输法结合在一起，把圆木变成轮子，再固定在拖撬下面**，这样就可以推着走了——这便是车的起源。

在野外行走，难免会遇到河流。如果你在河边看到对岸有一棵长满野果的大树，够吃上好一段日子，你一定会想要过河。可是，河流湍急，河里存在着各种各样的危险，***这可怎么办呢？***

不用担心，原始人已经想到顺利过河的办法了。

如果是比较窄的河流，他们会把一根比较粗的树干架在河上，这就是最早的独木桥。只要树干够结实，过河肯定没有问题。

如果河面比较宽，以当时的条件架独木桥显然是不可能的。于是，原始人想到了其他的过河方式，比如把葫芦系在腰上过河，或者直接**抱着一根木头当“救生圈”过河**。但这种过河方式，在天冷时非常容易生病，而且无法运输货物。

于是，人们想到了更好的办法：**把木头排在一起，再用绳子固定，这就是最早的木筏。**不过，木筏虽然比抱着“救生圈”强不少，却不够结实，操作也不方便。

慢慢地，人们又想到一个新的造船方式：**把木头中间挖空，这就是独木舟。**独木舟不仅可以载人、运输货物，还比木筏结实。

国学小百科

刳木为舟，剡木为楫

《易经》中有“刳（kū）木为舟，剡（yǎn）木为楫”的记载。“刳”的意思是“挖空”，“剡”的意思是“削”，这句话的意思是：挖空树木制成船只，削制木材制成木桨，这就是最早的独木舟和桨的制作方法。

所以，生活在原始社会，出行是一件极不容易的事情。我们现在常见的轮船，是经过上万年的演化逐渐产生的，里面**凝聚着先祖的智慧和汗水**。

第二节　予乘四载

——水行乘舟，陆行乘车，
泥行乘橇，山行乘檋(jū)。

《史记·夏本纪》中记载：**“陆行乘车，水行乘舟，泥行乘橇，山行乘檋。”**可见，当时的交通工具已经非常多样了。

随着生产工具的改进，农业和畜牧业逐渐产生，部落生产的东西不仅能够满足日常所需，还产生了剩余。**于是部落之间开始交换物品，这就是最早的商业**。开展商业活动不仅需要运载大量的货物，还要走很远的路。为了运输便利，人们需要发明新的交通工具。

根据《竹书纪年》的记载，夏朝时商部落的***首领王亥***很有商业头脑。为了使部落强大起来，***他大力发展农业，驯服了牛和马作为运输货物的工具。商部落的人用牛车和马车拉着货物到处进行贸易***，其他部落的人就称他们为***“商人”***，这就是“商人”一词的来源。

国学小百科

驯服牛马

关于驯服牛马，还有其他说法。比如，人们在打猎时抓到了很多猎物，吃不完，就开始驯养它们。

不过，***当时的车主要为单辕车，虽然有两个轮子，却只有一个辕，至少需要两头牛一起拉。***

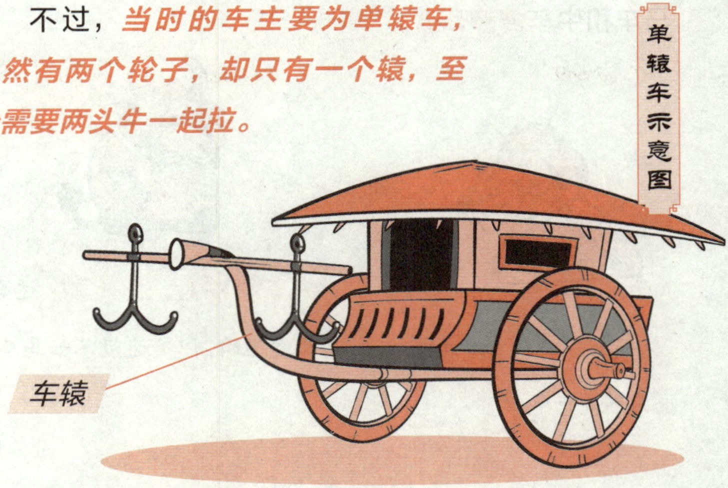

除了牛车，***马车也是夏商时期常见的交通工具***。根据史料记载，马车是***夏代奚仲***发明的，为了奖励他的功绩，夏王还封他做了专门管理马车的***车正***。

马车和牛车**各有优劣**：

马车速度快，但是耐力不如牛车。

牛车耐性好，负重强，适合长途运输，但是速度不如马车。

所以，**君王和贵族**出行一般都会选择**马车**，**商人**出行则会选择**牛车**。此后数千年，马车和牛车都是古人出行的主要交通工具。

说完车，我们再来看看**夏商时代的船**。由于年代久远，我们无法准确知道当时的船的模样，只能从记载中寻找一些蛛丝马迹。

商代甲骨卜辞中有**“王其率舟于河”“王其率舟于滴”。船在商代叫舟，由此可见船在当时是必不可少的交通工具。**商代的青铜制造业非常发达，但主要的铜矿产地离都城很远，这些铜矿都是通过水路运输的。

夏商时代，要在山上行走，就要檋来帮忙了。在走山路时，檋是需要抬起来的。檋既可以做成椅子的样子，也可以做成床的样子，**不仅能坐，还能睡觉。**

最后再来看看*泥橇*。

当时的泥橇是什么样子现在已经不得而知了。南北朝时期的史学家*裴骃*（yīn）认为，*泥橇的样子和簸箕有点像，可以放在泥上通行。唐代的张守节则认为，泥橇的样子和船有点像，两头微微翘起，人可以踩在上面，用另一只脚蹬地在泥中滑行。*现在，还有一种泥橇，样子和雪橇很像：*前端是一块翘起的木板，木板的中间装着一个扶手，只要脚用力一蹬，泥橇就能在淤泥中滑行。*至于大禹乘坐的是不是这种泥橇，还要等待历史学家的考证。

丰富多彩的交通工具，蕴含着古人无穷的智慧，也告诉我们一个道理：*一定要勤于思考，用灵活多变的方式解决眼前的问题。*

第三节 条条大道

——周代就有“服务区”

你知道在周代长途旅行是一种怎样的体验吗？

首先，你会发现，周代已经有了用四匹马拉的车。比起原来的两匹马拉车，速度和力量都有了巨大的进步。

其次，周代的道路宽阔了许多。周王室为了加强对各诸侯国的控制，***在诸侯国和都城之间、各诸侯国之间修建了宽阔的“周道”***。这样，***各国的贡品***就能沿着“周道”源源不断地***运送到都城***了。

诗经中就有很多关于“周道”的诗句，《诗经·小雅·大东》说：“*周道如砥，其直如矢。君子所履，小人所视。眷言顾之，潸焉出涕！*”意思是*周道平坦宽阔，畅通无阻，像箭一样笔直。*王公贵族可以漫步其上，老百姓却只能在路边注视。回顾起这些事，怎能不伤心流泪！

此外，“周道”两边都种上了茂密的树木，即使在酷热的夏天，也不会有炎热的感觉。

如果碰到雨天，出行时也不用担心道路泥泞，因为在修建“周道”时采用了***打夯技术***，而且，道路两旁还挖有***排水渠***，丝毫不用担心通行的问题。

国学小百科

打夯

打夯是我国古代常用的一种施工技术——用捶打的方式把泥土一层一层的打实，增加土的密实度和坚固程度。我国商周时期的城墙、宫殿和其他大型建筑的台基都采用了打夯技术。

根据《周礼》记载：***官员野庐氏全权负责都城的道路畅通，并巡视野、郊的道路、庐舍、井和树。***如果发生“堵车”，野庐氏要马上赶过去***指挥交通***；如果遇到有官员出行或外宾来访，他还要***负责清道***，不许其他人围观和尾随。王国有大的军事活动，他还要***负责检查***过路的车辆***有没有携带危险物品***，到了晚上还要***负责巡逻***。

而且，周代对于道路的维护有明确规定，比如：***在“周道”上乱扔垃圾是违法的，实行“人车分流”，男人要走道的右边，女人要走道的左边，车要行驶在道路中间，***等等。

如果出行累了也不用担心，根据《周礼》记载：大道**每隔 10 里**就要修建**一座庐舍**，庐舍中要准备充足的饮食和干草，供人员和牛马休整；**每隔 30 里**要建**一个客舍**，供旅行的客人住宿；**每隔 50 里**要设置**一个集市**，集市中不仅有各种各样的商品，还可以洗澡，这些设施都是由野庐氏管理的。

更有趣的是，东周时期已经有了邮传制度，根据传递文书方式的不同，可以分为*用车传递的“传遽”*、*疾步行走的“步递”等*。不过，当时主要的传递工具还是车。

和之前相比，*周代的交通*有了很大的进步。宽阔密集的道路网络和成熟的邮传制度，*为后世王朝的交通建设打下了基础。*

第四节 千乘之国

——打仗怎么离得了战车

在先秦时期，车除了运送货物和载人的功能，还有一个重要的用途，那就是**打仗**。

在**先秦时期**，**青铜战车是主要的作战工具。战车主体由优质木料制造，在关键部位安装青铜部件，车厢是方形，**门在后面，**只有一根车辕，车轮的直径在 130 ~ 140 厘米。**

战车的车轴固定在车厢，并不旋转，**外延部分叫做軎（wèi）**，是套在车轴最外端的轴套，用来**撞击对方的车毂**。一旦车毂裂开，车轮就会倾斜甚至脱落，车就无法前进了。所以，**軎在当时是战车上非常具有破坏力的武器。**

到春秋战国时期，战车仍是战场上的主要力量，而且，战车的形式多种多样，功能十分完备。

当时的***战车由四匹马拉动***，车上有三名战士，***坐在中间的是御手***，负责***驾驶车辆***；***左边的士兵***，拿着弓，***负责射击敌人***；***右边的士兵***一般手持长矛或戈，***负责击杀敌人***。每辆战车还有固定的步兵跟随，共同组成一个战斗编制——***乘***（shèng）。不同的时代，步兵的数量也不太一样。

战车及士兵示意图

和步兵作战相比，***战车有很大的优势，可以利用急速奔驰所带来的冲击力直接冲乱敌军方阵***，具有极大的杀伤力，就像现在的坦克一样。

驷马难追

"驷马难追"这个成语，意思是指说出来的话，就算套四匹马的车也追不上。这里的"驷马"就是上文中提到的战车。当时常用战车的数量来衡量一个国家的实力，有"万乘之国""千乘之国"的说法，战车越多，证明国家的实力越强。

国学小百科

四匹马拉车虽然速度很快，但是难度也很高。所以，**驾驶战车是一门必须通过学习来掌握的技术**，就像现代开车也需要先学习一样。周代必学的六门功课中，就包括驾车。

驾驶战车作战，还必须遵守严格的规则。比如，作战时，双方战车的数量必须相同，不能从背后偷袭，不能俘虏白头发的老人，等等。

除了战车，商代还有一种重量型武器——***战象***。***商人畜牧业发达，驯服动物是他们的强项。***

根据***《吕氏春秋》记载***，商纣王在征伐东夷时，曾经率领过一支象队远征，大象在战争中威力无比，就像“移动城堡”一样。不过，到周代，这支战象部队就不复存在了。

当然，大象在商代也能用来运输，就像现代的超级大卡车一样，一次能运送非常多的货物。

国学小百科

商朝驯象

3000 多年前，气候比较温和，森林和沼泽地的面积也比较大，中原大地上生活着很多野象。商代甲骨卜辞有很多关于象的记载：如“获象”——抓住了大象；“呼象”“命象”——驯服大象；“省象”——商王视察大象的驯养情况。

你一定想问，
当时的人为什么不骑马打仗呢？

其实，当时是有骑兵的，**只是数量较少。**因为，当时还没有马鞍和马镫这种装备，**骑兵在骑马时，只能用双腿夹紧马腹，稳定性非常差。**一到战场，马儿容易受惊狂奔，骑兵就会从马上摔下来，轻则受伤，重则还会有生命危险。

直到战国时期，**骑兵才成为战场主力，这都要感谢赵武灵王。**

国学小百科

胡服骑射

战国时期，赵国有个武灵王。他在位时，赵国十分衰弱，军备不强、处境十分危险。赵武灵王发现，胡人平时穿着短装和裤子，非常适合在马上作战，战斗力十分强悍。为了增强国家的军事力量，赵武灵王决定学习胡人。他让士兵穿上胡人的衣服，在马上练习射箭，没过多久，赵国军事实力大增，很快成为战国七雄之一。

总之，在先秦时代，车是交通工具中绝对的主角，不管是牛车还是马车，都是路上最常见的交通工具。

第二章

秦汉

第五节 统一车轨

——四通八达的秦朝驰道

秦朝以前，各国马车的样式五花八门，车轨之间的距离也不一样，这就带来一个很严重的问题：**路上的车辙不同**。

马车在路上行驶时，会留下两条很深的车辙，当时的马车车轮都比较窄，**如果车轮正好能卡在车辙中，行驶起来就会又快又稳，反之马车会十分颠簸**，甚至还有翻车的风险。

马车车轨的距离不同还带来一个严重的问题：***车上的零部件尺寸不同，这就导致车辆的零件没法统一生产。***比如，赵国的车坏了，必须到赵国才能修理，如果你正好在秦国，那就很难处理了。

秦始皇统一六国后，为了加强各地的交通往来，方便人们出行，便规定：***马车轮子之间的距离必须是 6 尺，违反规定的车辆严禁上路。***

“车同轨”这种“标准化”的要求在当时是很先进的，这意味着车上的主要零部件有了统一标准，更换更便捷。在路上行驶，***车轮会稳稳地行驶在车辙里，***再也不用担心翻车。

“车同轨”只是交通规划的第一步。战国时代，由于各国之间战乱不断，为防止敌国入侵，诸侯们在边境修建了高墙堡垒，设置了一道道关卡，这些都阻碍了人们的出行。于是，**秦始皇又下令拆除关卡和堡垒，在全国修建统一的驰道，“驰”就是快速的意思。**

驰道

驰道是秦朝专供帝王马车行使的道路，秦始皇登基后第二年便下令修建驰道，以都城咸阳为中心，通往全国各地。秦朝主要的驰道包括：上郡道、临晋道、东方道、武关道、秦栈道、西方道、滨海道等。驰道对巩固统一、抵抗匈奴的侵扰具有重要意义。

国学小百科

对于驰道的修建标准，秦始皇也有严格的规定：***路基全部用夯土建造，中间要高于两边，***便于排水；***路面的宽度必须达到 50 步，也就是 59 米左右，***这种宽度，就算并排行驶十几台卡车都没有问题；***每隔三丈必须种植一棵松树，每隔十里要设置一个亭，***作为治安管理所、行人歇脚和邮传的交接处。

驰道的中间是皇帝专用的“御道”，除了皇帝之外，任何人都不能通行。所以，横穿驰道是不被允许的。

秦始皇是一个十分热衷出巡的皇帝，统一天下之后，从公元前 220 年开始，***一共出巡了 5 次***，每一次都声势浩大。如果你正走在驰道上，你首先看到的是***队列整齐，手持长戟的仪仗队***，他们迈着整齐的步伐，每走一步地面似乎都在震颤，***仪仗队前还有一个手持大旗的骑士负责引导***。几列仪仗队通过之后，你就能看到秦始皇乘坐的马车了。

看到马车上的伞盖了吗？

虽然看上去十分普通，但是这把伞可蕴含着秦代的“黑科技”。

伞上有个机关，可以使伞盖变换角度，无论太阳从哪个方向照过来，都能完美地遮挡。而且，在路边休息时，还能把伞取下来插在泥土里，就像现在的沙滩遮阳伞一样。

不过，一辆带着巨大车厢的马车，才是秦始皇的“房车”——**“辒辌（wēn liáng）车”**。“房车”四面窗帷遮蔽，里面的人可以轻易看到外面的景色，但外面的人看不见里面。关键是可以通过开、关窗来调节气温，里面的人无论是坐着还是躺着，都十分舒适。不过，这种车在当时只有皇帝才能享受，普通百姓就只能在路边看着了。

“房车”过去之后，后面还有几十辆车和数不清的仪仗队。作为路人，必须跪在地上等皇帝的仪仗队全部通过之后，才能继续赶路。

总之，***秦朝的驰道四通八达，形成了以都城咸阳为中心的道路网络，为百姓提供了便利的交通，也为经济发展和文化交流做出了不可磨灭的贡献。***

大秦驰道示意图

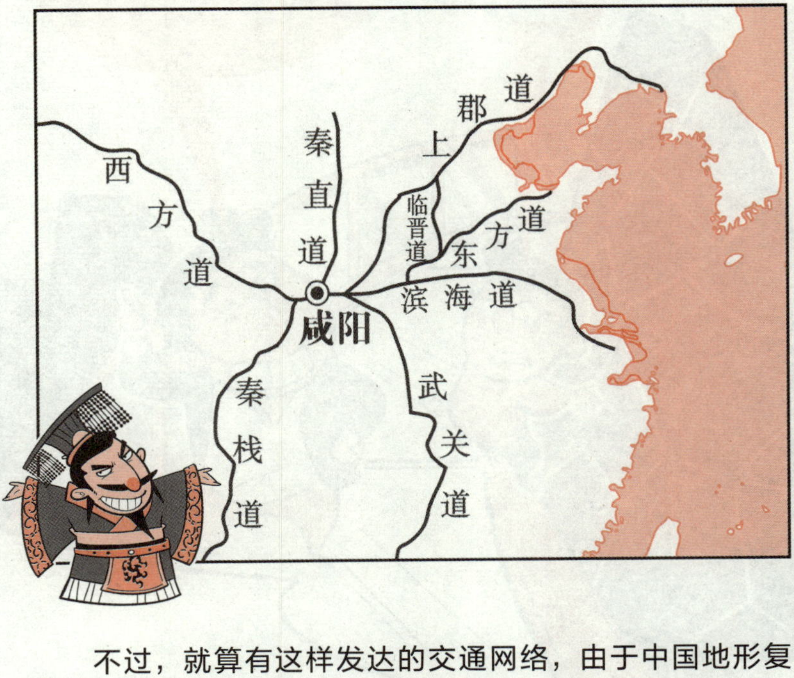

不过，就算有这样发达的交通网络，由于中国地形复杂，很多地方被高山与河流阻隔，仍然无法通行。为了解决这一问题，***秦代又修建了直道、栈道和灵渠等。***

第六节 不“止”驰道

——秦代就有“高速路”

除了驰道，**秦朝**还修建了三种十分重要的“路”——***直道、栈道和灵渠***。

秦朝建立之后，北边的匈奴人经常南下骚扰秦国边境，于是秦始皇下令命蒙恬率领 30 万士兵北驱匈奴。在对匈奴用兵的过程中，秦始皇还命令蒙恬在都城咸阳和九原郡（今内蒙古包头市西）之间***修建了一条直道***。直道经过的地方地形非常复杂，在修建直道时，为了减少行军所用的时间，采用***“逢山开路，遇水架桥”***的方法，避免绕路。

直道全长700多千米，路面十分宽阔，最宽处达61米。如果驰道是“国道”的话，直道就相当于现代的“高速公路”，以速度为主，行军主要以骑兵为主。

国学小百科

直道

秦朝灭亡之后，这条直道一直发挥着重要的作用，沿用了上千年，直到清代才逐渐废弃。2006年秦直道遗址被列入第六批国家重点文物保护单位；2013年，秦直道起点遗址和秦直道遗址延安段、秦直道遗址庆阳段被列入第七批全国重点文物保护单位。

看完了平坦大道，我们再来看看惊险无比的路——**栈道**，就是在**悬崖上用木板铺设的一种道路，也叫阁道和复道。**

早在秦始皇之前，秦惠王为了打通陕西到四川的道路，修建了**褒斜栈道**。秦朝建立之后，为了开拓西南地区，秦始皇又派人开凿了一条从四川盆地通向云贵高原的栈道，**这条路最窄的地方只有五尺（约 1.15 米），所以被称为“五尺道”。**

在没有机械设备的古代，修建栈道的工匠们先用***“火焚水激”的方法破开山上的石头。***具体来说，就是利用***热胀冷缩的原理***，先用火烤大石，再用水浇，石头就会破开。

接着，***在山崖上打表面积大小为 30 平方厘米，深 50 厘米左右的洞，把木桩分成上、中、下三排插入孔洞***。最上面一排用来搭遮雨棚，中间的用来铺设木板作为道路，下面的一排安装支架，使整个栈道更加坚固。最后，栈道的旁边还要安装铁链，防止人畜掉落。

这条路只有 1 米左右宽，扭头就能看到深不见底的悬崖。每走一步，脚下的木板都会嘎吱作响，摇摇晃晃，所以，在栈道上行走是一件非常惊险的事。

栈道虽然走起来惊险无比，却是***西南地区与中原沟通的重要通道，在经济文化交流方面发挥着重要作用。***

最后，我们再来看看灵渠。

秦始皇在统一六国后的第三年，就派 50 万大军进攻百越。百越是对分布于我国东南地区部族的总称，包括现在的广东、广西、海南以及越南北部等地。在攻打百越时，秦军遇到了严重的问题：百越地区山高路险，河流纵横，***军队所需的补给很难运输到前线***，秦军在当地待了 3 年，始终未能征服百越。

秦始皇派人勘察地形后，***决定挖出一条运河，把湘江和漓江连在一起。***这样，粮草就可以通过水路直接运送到前线了，秦军终于征服了百越地区。***这条运河就是灵渠，也是世界上最古老的运河之一。***

灵渠是古代劳动人民心血和智慧的结晶，它***为国家的统一提供了重要保障***，***至今仍发挥重要作用。***

不管是直道、栈道还是灵渠，都是秦代交通网的重要组成部分，也是边远地区百姓出行的重要通道。这些道路修建之前，那些边远地区的人每次出行几乎都是一场冒险。湍急的水流、水里的暗礁、陡峭的山崖都令人望而却步。所以，这些道路作为补充道路也十分重要。

第七节 乘车出行

——牛车，马车，驴车

汉代建立之后，基本继承了秦代的制度。当然，秦代耗费无数人力物力修建的道路也被汉代继承了，所以，***汉代也基本以驰道连接全国。***

在***汉初重农抑商***的政策下，***牛的数量比马要多得多***，就连很多官员也会选择牛车出行。所以，行走在汉初的大街上，你会看到***遍地都是赶路的牛车，马车很少见，***直到汉武帝时期马车才多起来。而且，当时街道弥漫着牛粪和马粪的味道。

不过，与秦代比起来，汉代人的出行选择要丰富不少。***汉代已经有了舒适的马鞍***，和现代的马鞍基本相同。马鞍是一种***用皮革包裹着木框制成的座位，两头高，中间低，***里面填充着软物，贴合人体曲线，坐在上面很舒服。

马鞍示意图

在汉代，**马可是真正的“奢侈品”。**首先，马匹的价格很高。比如，在汉武帝时期，一匹马价值 20 万钱左右；到汉灵帝时期，一匹马甚至能卖 200 万钱的高价，普通百姓一辈子也赚不到这么多钱。所以，**马在当时是贵族和富豪的专属，普通百姓是不敢想象的。**为了彰显自己的身份，**王公贵族还会在自己的马鞍上装饰金银和宝石，镂刻各种花纹。**

汉代马车种类很多，其中最金贵的要属**“金根车”**了。顾名思义，***“金根车”就是用金子装饰的车，需要六匹马拉。金根车后面还有副驾车，左右各一辆，均由四匹马拉，称为五色安车、五色立车。***看这个排场你可能已经猜到了，这是皇帝的专属座驾。

在皇帝的车队中，有一辆造型别致的车十分引人注目。***这辆车分上下两层，每层都有一个木制的小人，手里拿着木槌，上面的小人打铃，下面的小人打鼓***。车往前行走一里，鼓就会响一声，往前行走十里，铃就会响一次。这样，人们就知道一共走了多少路程了。仔细想一想，这个装置是不是有点像现代出租车上的计程器？

这就是***记里鼓车***，不过，记里鼓车仅在皇帝仪仗队中使用，其他用途不明。记里鼓车的发明，显示了中国古代劳动人民的聪明才智。

此外，汉代的贵族和富人出行时，能够选择的车辆也有很多。比如四面用帷幔遮蔽的“***軿（píng）车***”，***还有可以放衣服和杂物的“辎车”等。軿车是一种极为舒适且装饰华丽的马车，专供贵族妇女乘坐。***至于普通百姓，除了靠两条腿，牛车是他们最喜欢的出行方式。

到东汉时，**汉灵帝**找了**四头白驴拉车**，亲自驾驶这辆车在皇宫里驰骋。这件事传到宫外之后，贵族和大臣们争相模仿，到处买驴拉车，使得驴价暴涨。在这些人的推动下，驴车开始流行起来。不过，驴价上涨只是暂时的，之后就恢复正常了。

总之，汉代的道路基本继承了秦代，道路宽阔，畅通无阻，出行的选择却比秦代丰富不少。无论是贵族还是普通人，都能找到适合自己的出行方式。

第八节 出国旅行

——张骞出使西域

汉初，匈奴控制了广大的西域地区，经常南下侵占汉朝的土地，侵扰边疆地区的百姓。为了解决匈奴问题，**汉高祖刘邦决定亲自率领 30 万大军前往讨伐匈奴，**但最终大败而归。

国学小百科

西域

西域指的是汉以来对玉门关、阳关以西地区的总称。西域地形复杂，充斥着荒漠、戈壁、高山和盆地。

到汉武帝时，汉朝的军事实力和经济实力强大，汉武帝决定彻底解决匈奴问题。公元前 139 年，汉武帝派***张骞带着 100 多名随从出使西域，联合大月氏一起抗击匈奴。***

对张骞一行人来说，这是一趟极其***艰难的旅程***：戈壁滩上热浪滚滚，缺粮少水，飞沙走石。更要命的是，沙漠人烟稀少，有时候连着走几天都看不到一个人影，沿途只能靠射杀少量的野兽勉强生存；翻越葱岭时，山上常年积雪，寒风刺骨，加上地形险峻，没有现成的道路，每走一步都像“攀岩”一样，***时刻考验着使团的耐力和生命力。***

不过，**张骞**凭借着顽强的意志和对汉朝的热爱，***最终走访了西域各国***，而且了解到安息（今伊朗高原和两河流域）和身毒（今印度）等国的许多情况。

公元前 126 年，***匈奴内乱，被匈奴所俘的张骞和堂邑父两人趁机逃脱，历经千辛万苦，终于回到了长安***。张骞的回归轰动了整个长安，他不仅带回了西域各国的消息，还带回了很多西域特产。尤其***驮满货物的骆驼***最引人注目。

在张骞出使西域的过程中，骆驼起了很大的作用。***骆驼不怕炎热、耐饥渴，是沙漠中理想的交通工具，被人们称为“沙漠之舟”。***骆驼每天能走 30 ~ 50 千米，而且，骆驼***步伐很稳，性格温驯***，骑起来十分舒适。

张骞把骆驼带回长安后，骆驼很快进入了汉代人的日常生活。人们不仅***用骆驼来骑乘、拉车***，有些地方的骆驼还承担起了***耕地***的任务。

公元前119年，张骞第二次踏上了西域之旅，彻底打通了汉朝通往西域的道路。中国的丝织品***从长安出发，经过河西走廊，到达现在我国的新疆地区，运到安息之后，又通过贸易转卖到大秦（罗马），***形成了著名的***“丝绸之路”***。

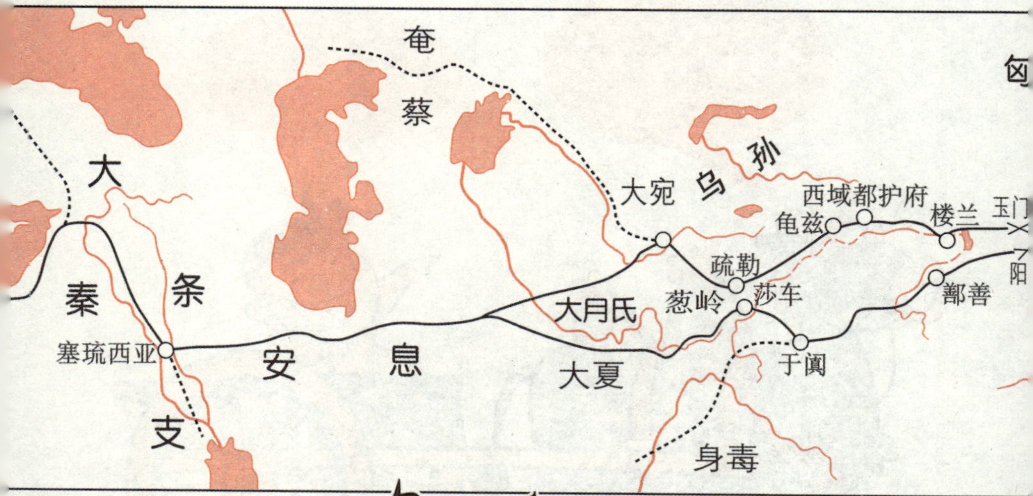

汉宣帝时期，西汉政府终于打败匈奴，在西域设置**西域都护府**，从此之后，**新疆地区开始隶属中央管辖**，成为中国不可分割的一部分，也保障了“丝绸之路”的畅通。

所以，即使生活在汉代，想出国旅行也是可以做到的，你只需要准备好**骆驼**和**足够的食物**，至于路上的安全问题，就交给**都护府**吧。

第二章

魏晋南北朝

第九节 牛车“逆袭”

——王公贵族也爱牛车

汉代之后，中国进入了长期混乱割据的魏晋南北朝时期。从曹魏到北魏，***洛阳都是黄河流域的中心城市***。洛阳城中有 ***24 条主要的街道***，宽度为 ***20 ~ 40 米***。按照当时的“交通法”，***中间那条大道是士大夫和公卿走的，普通人只能走左右两边。***

走在宽阔的街道上，很少有人骑马，大街小巷全是牛车，和汉代的习惯正好相反，汉代一般只有穷人才会坐牛车。

牛车的流行有很多原因，首先是***统治阶级的推崇***。经历东汉末年的战乱，国家经济遭到严重破坏。魏武帝为了发展生产，***带头推崇勤俭之风，***乘坐牛车出行。在统治者的推动下，***牛车成为勤俭的象征，***受到很多人的追捧。

其次，是因为当时*士大夫崇尚玄学*，人们喜欢舒适缓慢的*自然之道*，急促颠簸的马车自然就被抛弃了，*缓慢平稳的牛车成为大家的最爱*。而且，道家鼻祖老子也喜欢骑牛。

在玄学的影响下，士大夫追求*“仙风道骨”*的感觉，*穿衣风格都是宽衣博带，高履大帽，*骑着马可没有那种*“范儿”*。

到后来，各朝政府还确立法律，明确规定牛车的样式和代表的身份。比如，***在晋代，诸王三公都要乘牛车***；***在梁代，大官们要乘坐牛拉的轺车***。

不过，***达官贵族和皇帝***乘坐的牛车和普通人的不同，他们乘坐的牛车一般***装饰精美***，***牛的数量也要多得多***。比如北魏皇帝出行时，就要用 12 头牛来拉车。

魏晋南北朝时期的牛车样式很多，最受富豪们欢迎的是***画轮车——车轮上涂着彩色油漆，四面都有帷幕，装饰华丽。***

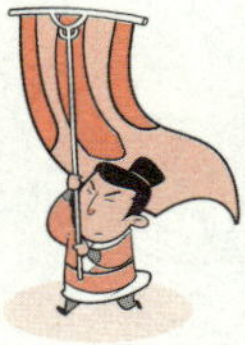

车厢顶部隆起，像乌龟的壳一样，后面还有两扇门。不过，这种车只有***王公贵族***才能坐，出行时仪仗十分盛大，是当时名副其实的“豪车”。

还有一种常见的车——**“羊车”**。“羊车”的**车身比较小，四周也有帷幕遮蔽。**羊车的帷幕可以打开，外面的人能看到车里的情况。晋代著名**“美男子”卫玠**就经常乘坐“羊车”出行，走到哪里都能引起人们围观。

注：这里“羊”的意思是“详”，取吉祥的意思。

至于普通人，乘坐的一般都是**板车**。这种车结构简单，**结实耐用，既能载人，也能拉货，**实在是居家旅行必备之工具。

总之，魏晋南北朝虽然战乱不断，但城市仍然十分兴盛，在缺少马匹的情况下，**牛车成功“逆袭”成为大家的最爱。**

第十节 逆旅盛行

——出门旅行怎么少得了旅馆

由于魏晋南北朝长期处于战乱中，政府为了方便行军和运输财物，不遗余力地***修建和维护道路***。同时，各国为了防止间谍的渗透和重要物资外流，还在边境建了重重***关隘***，盘查非常严格。

不仅“出国”困难，就算是在境内活动，管制也非常严格。在出行之前，你必须先去“政府部门”申请一张***“过所”，这是通过关津时的必备文书***。过所上面记载的内容非常详细，不仅包括出行者的***名字、性别、年龄、肤色和身材等基本信息***，还包括***有没有胡须、出行原因、携带的物品等***。无论走陆路还是水路，过所都是必须出示的证件。

为防止百姓流入敌国，各国政府对冒名顶替过所上的人有非常严格的惩罚。比如，根据曹魏的制度，**冒名顶替过所之人的，会被判处半年到一年的刑期。**所以，过所一定要保存好。

就算拿到过所，成功出行，路上也会遇到各种困难，甚至卷入战火中。所以，在当时，出行前举行***“道祖（祝福活动）”***非常流行。***出行时，要从左边上车，赶一圈车后下来。***这时，会有人在车前***垒起一个小土堆，插上菩、刍、棘、柏四种植物任意一种，再用牛羊和酒祭祀神灵，***以保佑出行的人一路平安。

出门旅行要吃饭住宿，一家安全舒适的旅馆就显得尤其重要。魏晋南北朝时期，各个政权都建立了完善的**驿站系统**。西晋时期，***每十里就有一个官方开办的旅馆——官橘***。不过，这种旅馆都由官吏管理，服务态度很差，而且经常盘剥过路的百姓。

私人旅馆，叫作***“逆旅”***。逆旅早在***秦汉时期***就已十分盛行了，不过，当时的逆旅只提供灶具，旅客要自带干粮，生火做饭。到了***西晋***，统治者认为百姓开办旅馆会减少务农的人口，所以禁止开办逆旅。后来，潘岳上书说，私人旅馆比官方旅馆的营业时间长，服务态度好，还能增加百姓收入，政府才放开对“逆旅”的限制。再后来，客人在入住时，还能吃上热腾腾的饭菜。

正是由于**魏晋南北朝**时期政局动荡，再加上玄学的影响，**文人和士大夫掀起了游山玩水的热潮**，他们渴望亲近自然，在大自然中寻找乐趣，以逃避现实，因此产生了著名的“驴友”。

第一个要介绍的旅游达人叫**谢灵运**。他出身陈郡谢氏，家境殷实，仆从众多，不用为生计考虑。

谢灵运出游时场面很大，有时甚至有上百人跟随。他最喜欢去人迹罕至的地方，甚至不惜把拦路的树砍掉。有一次，他带着几百人走到临海，把那里的太守吓坏了，以为是山上的匪徒，知道是谢灵运后，才放下心来。

谢灵运还发明了一种专门用来爬山的鞋——**谢公屐**。谢公屐下面装着两个木齿，可以拆卸，**上山时拆下前齿，下山时拆下后齿，在山上走路就像在平地走路一样。**

后世一直沿用谢公屐。谢公屐成为人们登山的必备装备，很多诗人都在作品中表达了对它的喜爱。比如，李白就写过**“脚著谢公屐，身登青云梯”**的诗句。

另一个著名的“驴友”叫**郦道元**。他从小就跟着父亲游历，每到一地，就细心观察当地的山川和地貌。即使后来做了官，也沉迷其中。不过，郦道元可不是单纯的旅游，而是为了**考察地理**。

国学小百科

《水经注》

经过搜集整理前人的资料和实地考察，郦道元以《水经》为大纲，写了30多万字的注释，这本著作就是《水经注》。这本书不仅记载了1252条河流的情况，还有关于当地风土人情、神话传说等方面的记载，是6世纪前中国最系统、最全的综合性地理著作。

旅游不仅需要大量的闲暇时间，还需要物力和财力支持。对一般百姓来说，这无疑是一件十分奢侈的事，他们所有的精力都用来应付日常生活和官府的催收了，哪里还有闲工夫游山玩水？实在要出行，选择的工具除了两条腿以外，就只有相对廉价的牛车和小船了。

第十一节 乘船出游

——四通八达的水路交通网

魏晋南北朝时期，吴国和南朝的主要行政区域在长江以南。由于战争不断，统治者需要漕运来***运送军粮和士兵***，所以对***漕运***非常重视，开凿了很多漕渠，形成了***一个沟通黄河、淮河、长江等主要河流的漕运网络***。

国学小百科

漕运

漕运是指将征收的粮食通过水路运送到京师或者指定地点，以供朝廷消费或政府支出。漕运的方式主要有三种：海运、河运和水陆递运。

魏晋南北朝时期的造船技术已经十分发达，船的承载量也比以前大了不少，楼船就是典型代表。顾名思义，***楼船就是像楼一样的船***，主要被当作战船使用，十几丈高，一艘船能坐几千人，就连马都能在甲板上自由活动。《三国志》中曾经提到一种***“五楼船”***，就是有五层的船只。

不过，楼船十分笨重，很难操纵，一般作为军队首领的指挥船，需要其他中小型战船辅助。最著名的战船就是*蒙冲战船*。

蒙冲战船，也叫艨冲、艨艟等，*船型狭长，船头镶着铁皮，速度快，可以利用速度优势直接撞沉其他船只，船身上覆盖着生牛皮，可以防御箭矢，四面还有很多窗户，可以让弓箭手进行射击。*在著名的*赤壁之战*中，曹操用铁链锁在一起的战船就是蒙冲战船，不过最后被火攻击败。

坐船前，先要学会识别船只。***装着货的是运船，一般只拉货；雕梁画栋的是游船，只有王公贵族能乘坐；船头雕着龙头的，就是皇帝的御船***。至于普通人，只能乘坐小型船只。不过，当时的船上大多有风帆，航行速度还是不错的。

随着造船技术的发展和航海技术的进步，魏晋南北朝时期，***海上丝绸之路成为中外交流的重要通道***。

魏晋南北朝时期虽然战乱不断，但是水上交通取得了很大的发展，沿着便利的水路，商船满载货物往来穿梭，***促进了商业的繁荣***，***形成了建康、成都、广州等众多繁华的城市***，对后世影响十分深远。然而，陆路交通没有什么发展，山区也没有得到很好的开发，如果去这些地方，还是一件很困难的事。

第四章

隋唐

第十二节 隋唐大运河

——影响 600 年的“大运河”

隋朝在中国历史上是**一个承上启下的朝代**，虽然只存在了 37 年，但隋朝的皇帝办了几件影响后世几百年的大事，其中一件就是疏浚之前众多王朝开凿留下的河道，**开通了隋朝大运河。**

隋朝的统治中心在中原地区，为了把南方的财富运到中原，更好地控制全国，**隋炀帝以洛阳为中心，挖了几条首尾相接的运河，**把中国的南北水路连在一起，这就是隋朝大运河。

隋朝大运河是把天然水道和前代已经挖成的人工河连在一起，只有一小部才是当时的人工开凿。即使如此，还是使用了上百万的民力。***隋朝大运河由广通渠、永济渠、通济渠、山阳渎和江南运河组成，全长 2700 多千米。***

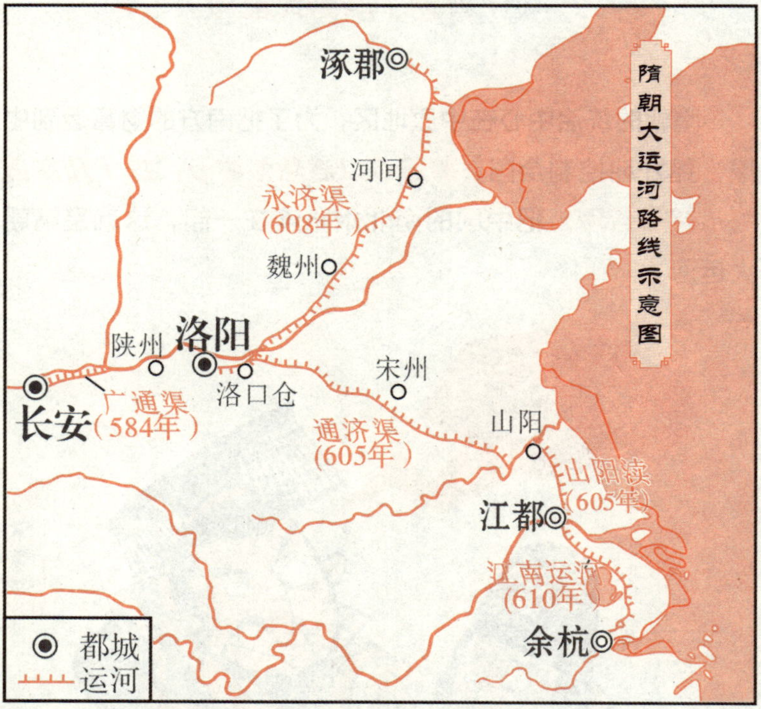

隋朝大运河

国学小百科

隋朝大运河促进了中原地区的繁荣，为当时的经济发展和文化交流做出了巨大贡献，在之后的600多年中一直发挥重要作用。

大运河开通之后，人们的出行也更便利了。就算是最普通的船只，一天也能走上百里路，从扬州到北京，只需要**一个多月**时间。

爱好旅游的隋炀帝怎么能不动心呢？为了满足自己奢侈的生活，他命人造了***龙舟、楼船等***各种船只数万艘。

下扬州时，隋炀帝的船队有 20 多万人，长 200 多里，给沿途百姓造成了巨大的负担。仅其中的一艘龙船，就***高 17 米左右，长约 67 米，船上有 120 多个房间，***用金银装饰，非常奢侈。可见当时的造船业多么发达！

得益于大运河的连通，唐代有了四通八达的水运交通网。

为了加强对水运的管理，唐代设置了三个专门部门：***水部、都水监和水陆转运使司***。此外，唐代的法律还规定了在航行时必须遵守的规则：***定期检查船只是否漏水，停泊时要设置标志，严禁超速和超载，上游的船只要主动避让下游的船只，等等。***

在**唐代**的河道中，你可以看到各种各样的船只，有载着上千石（一石约等于 53 千克）粮食的**巨大官船**；有百姓乘坐的**小船**；还有一种造型奇特的**“桨轮船”**。桨轮船上装着带有桨叶的轮子，靠人力踩踏驱动船只前进，和现代轮船的原理很像。

为了通行便利，唐代政府在河流的津口架设了很多渡口，***称为“津渡”***。津渡由津主、津令和津丞等负责管理。按照规定，官员必须在津渡***设置船只、架设浮桥，供百姓通行，***为难百姓的人，会受到杖责的处罚。

隋唐时期，造桥技术也有很大发展，其中最典型的就是***赵州桥***。赵州桥是由匠师***李春***设计建造的，主体由一个横跨河面的大拱和四个小拱构成。这种结构的优势在于：***一方面***可以节省石料，***降低建造成本***；***另一方面***，拱形的***桥身更加坚固***，不用在水中立石墩，利于泄洪，就算发生再大的洪水也不用担心桥被冲垮。

国学小百科

赵州桥

赵州桥也叫安济桥，设计结构非常先进，符合力学原理，比欧洲早了1200多年。虽然已经过去1400多年，但现在还横跨在石家庄市赵县城南的洨河上。它是世界上现存年代久远、跨度最大、保存最完整的单孔坦弧敞肩石拱桥。赵州桥全长60多米，宽约10米，就算是两辆大卡车相对行驶也绰绰有余。

总之，隋朝时期的内河航运非常发达，沿着这张交通网，你可以去任何想去的地方。

第十三节 邮驿系统

——一骑红尘妃子笑，无人知是荔枝来

唐朝是我国历史上***最强大的王朝之一***，被称为***“盛唐”***，与“盛世”匹配的是唐王朝修建的道路。盛唐时期的***长安城***是当时***世界上规模最大、最宏伟的城市***，有超过百万的人口，是当之无愧的***“世界第一城”***。从空中俯瞰，整个长安城就像一个四四方方的棋盘一样。城内一共有***25 条大街***，把城市分为***108 个坊***。横贯全城的***朱雀大街***把城市分为东西两个部分，***东边归万年县管，西边归长安县管，合起来就是“长安万年”。***

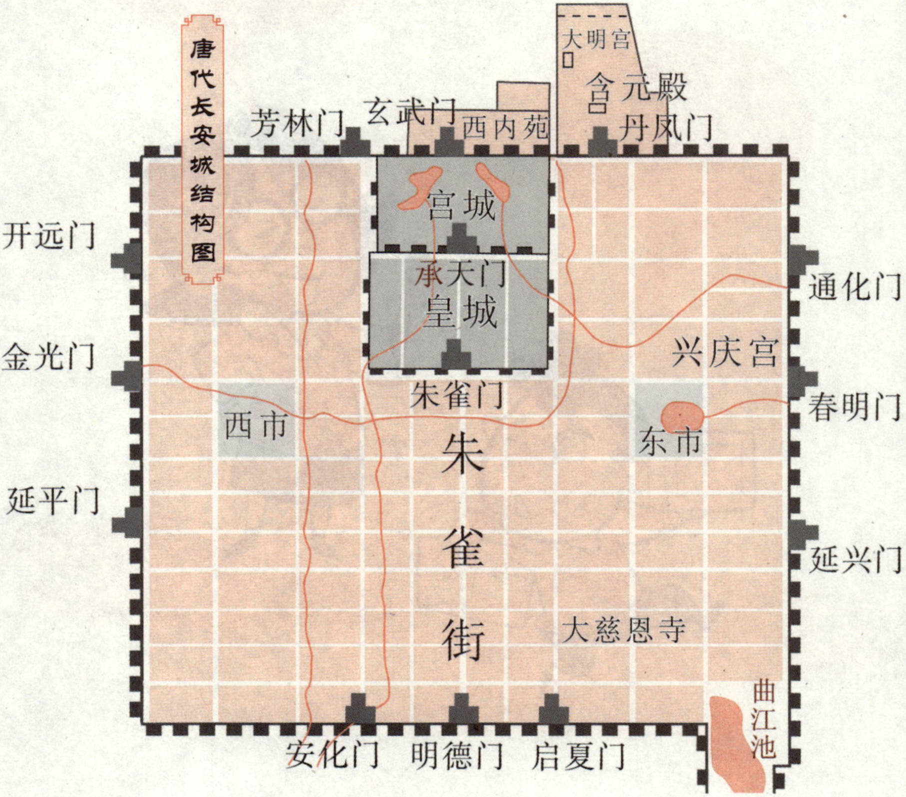

朱雀大街的***最北端是朱雀门***，再往里走就是皇城了。想要进入朱雀门，必须出示***“门籍”***。门籍是一种官方发放的通行证，分为两种：***一种只有一个月的有效期***，到期之后需要找相关部门更换；***另一种长期有效***，一般只有王公大臣才有。

没有门籍，只能往南走。**朱雀大街长 5000 多米，宽 150 米，是长安城中最豪华的街道。**需要注意的是，这条路的中间是御道，只有皇帝可以使用。

不过，皇帝和他的家人们一般都不会走出宫门，如果要从大明宫去兴庆宫，中间也有**复道**连接，不用去大街上“抛头露面”。复道是一种城墙旁边的夹墙，专门供皇帝通行，外面的人看不到里面的情况。唐代的复道很长，**不仅连接着大明宫和兴庆宫，就连曲江池也能到达，方便皇帝出游。**

唐代已经有了很严格的交通管理条例，**“贱避贵，轻避重，少避长，去避来”**是最基本的交通规则。意思是走在大街上，平民要给官员让路，轻车轻骑和携带物品较少的人要给负重的车骑和负重物的人让路，年少的人要给年长的人让路，下坡的人要给上坡的人让路，行人要给车马让路。而且，大街上禁止骑马奔驰，否则就会受到鞭打五十次的惩罚，有特殊任务的可以除外。

朱雀大街左右两边分布着108个坊，**“坊”是专门的居民区**，类似于现在的小区，严禁经商。当时的宵禁制度十分严格，每到晚上，**“执金吾”（古代保卫京城的官员）**就会用鼓声告知百姓，**“禁夜”**即将开始，任何走出坊门的人都会被抓起来。这时，你就要进入坊中休息了。直到清晨钟楼的钟声响起，宵禁才会结束。

沿着朱雀大街一直往南走，就到了城门口。出城之前，必须先准备一下交通工具。环顾四周，你会发现：路上全是骑马和骑驴的人，和之前相比，车的数量减少了很多。

因为唐人尚武，能够骑马绝对不会坐车。唐玄宗就很喜欢骑马，在宫里也经常骑马出行。而且，唐代的贵族很喜欢***打马球***，就连妇女也不甘示弱。

唐代马球图

唐代的马匹数量很多，据记载，归德年间，光是***陇右马场***的马匹就多达 ***70 万匹***。然而，对于普通百姓来说，即使马匹价格再低，他们也负担不起，骑驴出行才是最好的选择。如果连驴都养不起，还可以考虑租赁。

在唐代，租驴有两种方式：如果你要短途出行，驴主人会跟在驴后面，到目的地后收取租金；如果你要长途出行，就需要准备一笔押金或者找人担保才能把驴骑走。那么如何还驴呢？不用担心，***唐代驴马租赁产业发达，***一般在其他城市都有分店，你只需要把驴还到当地分店就行，这种方式有点像现在租车。至于租金，绝对比养一头驴要划算得多。

租好毛驴，备好车，就可以出城啦！唐代的道路系统四通八达，唐人李吉甫在***《元和郡县志》中***将当时的道路总结为***“八道”***，意思是官道以长安为中心，***有八条主要道路，把整个帝国连成一片。***唐代官路管控严格，各地方州县都要记录清楚本地通往长安和洛阳的道路。此外，挖掘路面、砍路边的树、乱扔垃圾等行为也是禁止的。不过，在有老虎和其他猛兽出没的地方，路边一般都是光秃秃的，这是为了提醒行人防备野兽，注意安全。

唐代的官道路面***非常宽阔***，去塞北的御道有 ***150 米宽***，其他道路也大多在 ***15 米到 65 米之间***，路两边***种植着榆树、槐树和柳树。***路边还有很多小土堆——***“堠”***，也叫***“里隔柱”***，是用来计算里程的，***每隔 5 里设置一个“单堠”***，***十里设置一个“双堠”***，这样就知道自己到底走了多远了。

与官道形成鲜明对比的是***私道***，即***地方修建和自然形成的路***。私道无论在质量还是规模上都要差很多。比如，唐代著名“旅游达人”——诗仙李白就写过***《蜀道难》***，把走蜀道比作“难于上青天”。

唐代的驿馆制度非常发达，***每隔 30 里官方就会设置一个驿馆***，配一个驿长和数量不等的工作人员。唐代驿馆数量非常多，***唐玄宗时期全国一共有驿馆 1639 所***，既有陆驿，也有水驿。唐代驿馆虽然职能上增加了不少事务，如官员接送、追捕罪犯、平息内乱等，但是传递军情和公文书信仍旧是主要职能。

唐代的驿馆很豪华，大的驿馆不仅有***楼房、马圈和仓库等基础设施***，还有各种***珍馐美酒，有澡堂，高级客房中甚至还有客厅***。如果是水驿，还备有船只。根据身份的不同，入住的房间也不同。

全国驿站密集，所以唐代的邮驿网络效率非常高。根据唐代的规定，驿使出行时，都会有***一张符券***，凭借这张证明才能***使用驿馆和驿马***。诗人岑参曾经写过***“一驿过一驿，驿骑如流星”***的诗句，从咸阳到陇山大约 400 里，唐代 1 里约合现在的 530 米，所以，有***“平明发咸阳，暮及陇山头”***的诗句也就不奇怪了。

除了传递情报，***还可以利用驿站快马传递物品***。当时，唐玄宗非常宠爱杨贵妃，为了让她吃到新鲜的荔枝，利用传递军事情报的快马从南方疾行数千里将荔枝送到长安。杜牧在诗里感叹：***“一骑红尘妃子笑，无人知是荔枝来。”***这句诗***形象地揭露了统治者为了满足一己私欲，竟不惜兴师动众，劳民伤财，鞭挞了唐玄宗和杨贵妃的骄奢。***

作为普通百姓，可以选择入住**私人旅馆**。唐代旅馆业务发达，遍布全国，规模和设施一点儿也不比官方开办的驿站差。但是，那时候想要传信就比较困难了。唐代法律规定，驿使携带私人信件是要受到严厉处罚的。在那个既没有电话，也没有视频，只能通过写信来传递消息的年代，信件显得特别宝贵。难怪诗人会有**“家书抵万金”**的感慨。而且，有时候，人都到家了，信才刚刚到。

总之，生活在唐代，出行可以选择骑马、骑驴、坐马车、乘牛车，十分便利。出远门还有四通八达的道路网络和各式各样的旅馆供选择。

第十四节 盛世外交

——出国旅行实在太方便啦

唐代的经济和文化高度繁荣，而且交通网络发达，因此，日本、南诏、新罗等国纷纷派使团前来朝贡、学习，出现了***“万国来朝”***的盛大局面。比如，***日本曾十几次派出遣唐使***，每次使团规模多达数百人，***中国的律法、文化、思想、科技和风俗习惯等***，通过遣唐使传入日本，影响至今。

生活在唐代，你会看到很多***外国使团***，他们大多拿着礼物，准备去皇宫面见天子。

在唐代，出国旅行是一件很时髦的事。唐代出国的线路非常多。你可以通过**“丝绸之路”**前往欧洲，也可以选择**“海上丝绸之路”**或**“茶马古道”出行**。

海上丝绸之路发源于先秦时代，到唐代时已经十分完善。从中国的广州出发，经过南海和印度洋，到达波斯湾各国，这是当时世界上最长的远洋航线。通过这条航线，**中国的丝绸、瓷器、茶叶等商品远销欧洲，**国外的香料和各种珍奇商品也源源不断传入国内。

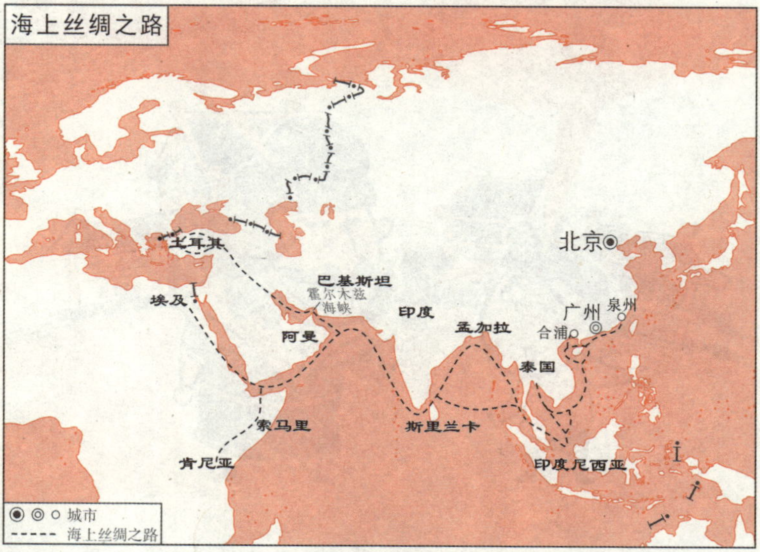

“茶马古道”是我国历史上内地和边疆地区进行茶、马交易形成的贸易通道，**兴盛于唐宋时期**。当时，康藏地区的人们需要大量茶叶，藏区却不产茶；内地需要大量马匹，藏区正好产良马，于是，茶马互市就逐渐发展起来，商人们走出了这条贸易之路。

“茶马古道”有陕甘、陕康藏和滇藏三条主要线路，还有很多支线，共同构成了一个庞大的交通网络。茶马古道的主要商品是**内地的茶叶**和**藏区的良马**。沿着茶马古道，不仅可以到达我国的四川、云南、青海、西藏等地，还能到达印度、越南、老挝等国。茶马古道大多在高海拔地区和山区，道路崎岖，非常难走，很多地方都需要人力搬运，这些人被称为**“背背子”**。

众多出国旅行者中，最著名的有两个和尚：**鉴真和玄奘。**

742 年，来中国留学的日本僧人荣叡和普照邀请鉴真去日本弘扬佛法，鉴真不顾弟子们的劝阻，毅然决定前往。由于在海上遭遇突发情况，***鉴真前 5 次东渡都以失败告终，在第 6 次东渡时，他已经 65 岁了，最终历经千辛万苦，终于成功到达日本，***将真正的律宗传播到了大洋彼岸，***被尊为日本律宗初祖。***

鉴真东渡

国学小百科

鉴真到日本后，花费 10 年时间弘扬佛教律宗，成为日本佛学界的一代宗师。后来，他又主持修建了著名的“唐招提寺”。这座寺庙采用了唐代的建筑技术和雕刻工艺，保存至今。鉴真东渡对日本的宗教、文化和建筑等方面都产生了深远的影响。

玄奘相信大家都熟悉，他从***都城长安出发，历经重重困难，终于到达天竺。***玄奘在天竺游学了很久，17 年后才回到长安，带回几百部佛经。回国之后，唐太宗热情地接待了他，并让他***担任大慈恩寺住持***，***翻译佛经***。

唐朝是当时世界上最强大的国家之一，商品和文化沿着贸易通道到达世界各国，声名远播，这也是***“唐人”***名称的由来。

第五章

宋元明清

第十五节 大船与驴车

——《清明上河图》中的交通秘密

宋代是中国历史上商业最发达的朝代，北宋**都城汴京**（今河南开封）是当时世界上最繁华的城市，有上百万人口，交通也空前发达。

直到现在，我们仍能够通过**《清明上河图》**见到当时的交通情况。

《清明上河图》中有骆驼队、驴车、牛车和骡车，马车很少出现，是因为宋代马的产量很低。宋代缺马的原因有很多，最主要的原因是养马耗费巨大，统治者认为很不划算，而且养马的官员也非常不负责任。

《清明上河图》

国学小百科

《清明上河图》是北宋画家张择端创作的长卷画作，长 528.7 厘米、宽 24.8 厘米，生动地记录了宋代的城市面貌、经济、生活状况。画中有数量庞大的各种人物、牲畜和交通工具，还有房屋、桥梁和城楼等各种建筑物，具有极高的艺术和文化价值，是我国的国宝级文物，现藏于故宫博物院。

走在大街上，你会看到由几个人用肩扛着走的新式交通工具——***宋代***出现的***轿子***。宋代时轿子非常流行，无论百姓还是官员都喜欢乘坐轿子出行，虽然朝廷屡次下令禁止官员以外的人员乘坐，但效果不怎么明显。

轿子是由***“兜子”***和***“檐子”***发展而来的。兜子和现代的担架很像，由两个人用手抬着，被抬的人坐在上面。***檐子和兜子类似，不过是用肩扛的。***

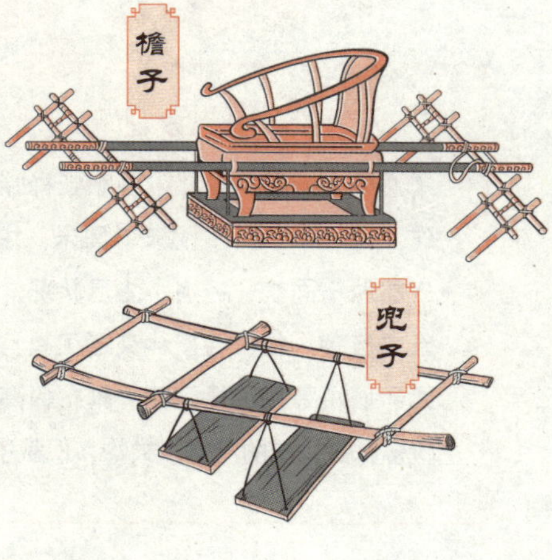

轿子分为***凉轿***和***暖轿***两种，暖轿就是把兜子的左、右、后三面围起来，上面加上盖子，前面加上帘子，就算是冬天也不会感觉很冷。凉轿和兜子类似，四面没有遮挡，但是有顶。

和唐代一样，宋代也有完善的交通制度。行人走在路上，要遵守***“贱避贵，少避长，轻避重，去避来”***的基本交通规则，称为***“仪制令”***。朝廷还把这些制度刻在石碑上，立在路边。

宋代马匹数量很少，为了保证军队的马匹供应，朝廷多次下令，严禁百姓买卖马匹，普通百姓自然没办法用马了。所以，***宋代最流行的车还是牛车、驴车和骡车***，这些车都是可以租赁的。

宋代的官路四通八达，从都城汴京出发，到各个首府都有官道连通，路上也会设置***“单堠”***和***“双堠”***。路边栽着松树、冬青和杨柳，每隔 40 里有一个驿馆，称为***“沿流亭馆”***。除了驿馆，你还能在路边看到***“递铺”***，类似于现代的邮局。

递铺分为**急脚递**、**马递**和**步递**三种，**每 18 里或 20 里设置一个递铺**。

急脚递是所有**递铺里速度最快的**，一天能走 400 里，有时根据传递需要会昼夜不停行 500 里。一般用来传递紧急文件。一般由年轻的军士昼夜疾走，比马递还要快。

马递即用马匹传递文件，能日行 300 里，有时根据需要能日行 400 里或 500 里。

步递即铺兵徒步传递文件，主要作用是***传递官员和其他人员的信件***，家书等私人信件也可以传递，步递的传送速度是日行200里。

接下来，让我们把目光移到水面上。

宋代造的船不仅多，而且很大。

宋代时，南方的农业和商业发展迅速，东南地区成为主要的粮食产地。粮食运输都要靠水路，沿着汴河运送到北方，所以，***汴河可以说是北宋的“母亲河”。***

由于物资量巨大，***宋代船只的运载量也有显著的提升，*** 一艘货船能装 2000 石（约 118.4 吨）左右的货物，相当于 40 头成年亚洲象的重量，是陆运运载量的百倍以上。

宋代诗人***陆游***还见过一个像村庄那样大的木筏，***“广十余丈，长五十余丈”***，差不多有足球场那么大，木筏上还生活着几十户人家，像一个村庄一样。

船变大了，桥自然也要扩大，《清明上河图》中有一座横跨汴河的巨大桥梁，这座桥叫***“虹桥”***。虹桥一般由巨大的木材建成，***十分坚固***，上面车水马龙，就算载满货物的几辆牛车并排行驶，也不用担心桥梁垮塌。桥的两边还有护栏，以保证行人的安全。桥梁两头店铺林立，茶坊、酒肆、饭店、肉铺，应有尽有。

顺着便利的内河航道到达沿海地区，你能看到岸边上停靠着各式各样的大船，不仅有中国的，还有外国的。

宋朝海外贸易发达，朝廷专门在***广州、杭州和明州***设立了管理海外贸易的***市舶司***。乘坐巨大的海船，你向东可以到达***日本***，或者横跨印度洋到达***东非***。

远洋航行，除了海上的风浪，威胁最大的就是迷失方向。不过，聪明的宋朝人已经发明了***罗盘***，并用于航海活动，成功解决了迷航的问题！

指南针

指南针是中国古代的四大发明之一。早在先秦时期，人们就发现了磁石能够吸铁和指示方向的特性。战国时代，人们就已经开始使用“司南”了，这是一种可以辨别方向的仪器。到宋代，水罗盘开始流行起来。这种罗盘把磁针放在水里指示方向。后来，水罗盘经过一步步改进，成了旱罗盘。旱罗盘是在磁针的重心处开一个孔，下面用轴连接，摩擦力更小，转向灵活，而且方便携带。罗盘传入阿拉伯后由阿拉伯人传到欧洲，经过改进，成了现代化的指南针，为人类的航海事业作出了巨大贡献。

国学小百科

水罗盘

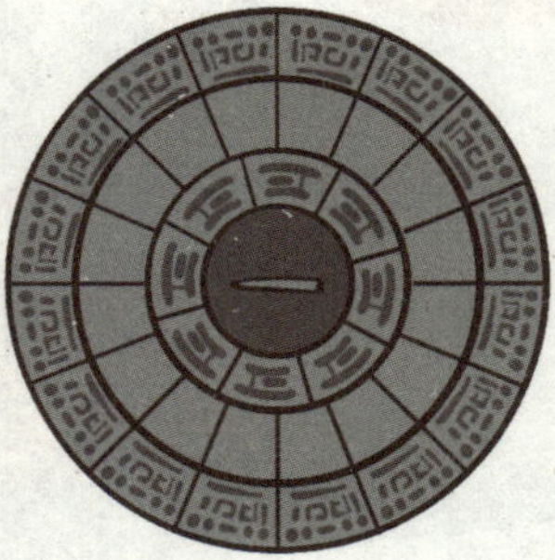

旱罗盘

指南针

总之，***宋代***的***交通十分便利***，通过水路和陆路，你可以去到世界上很多地方。路上满载的车辆和船只，代表着当时商业的繁荣。

第十六节 声名远播

——元代强大的国际影响力

宋朝灭亡之后，***蒙古族建立了元朝***。蒙古族被称为***“马背上的民族”***，擅长骑射。所以，在交通工具的选择上，他们出行时更加***钟爱骑马***。

元代实行两都制，***大都***是今天的***北京***，***上都***在***和林***（今内蒙古自治区锡林郭勒盟正蓝旗）。每年夏天，元朝的皇帝都会带着大臣和随从，浩浩荡荡的从大都前往和林避暑。元代皇帝出门坐的不是马车，而是***象辇***。***象辇是由4头大象托着的一个巨大的木制平台，平台上安放着华丽的帐篷***。大象虽然走得慢，但步伐稳重，人坐在里面丝毫不会有颠簸的感觉。

为了更好地控制全国，统治者建立了发达的道路交通网络，修建了很多新的***官道***，使驿路一直延伸到了草原。

由于疆域辽阔，战争频繁，***元代是邮驿制度最发达的时代，有站赤和急递铺两种。***站赤是驿站，分水、陆两种。陆站中常备马、牛、驴、轿等，辽东地区甚至还备有狗。当时最大的狗驿中，养了 3000 多只专门用来送信的狗，而水站中则常备舟船。

设置急递铺比站赤要晚，但是速度要快上不少，每 10 里一座，主要传递一些重要文件和物品。每个急递铺配有 5 个健壮善跑的工作人员，出发时会在腰带上挂一个铃铛，带上雨衣和火炬，昼夜不停地前进。如果在路上听到铃铛声，无论什么人都要让路。下一个急递铺的工作人员在听到铃铛声时，也要赶紧出来交接文书，以保证传递速度。

元朝建立之后，北京成为新的政治中心，为了把南方的财富顺利运达北京，元朝的统治者花费了十几年时间，挖通了***“济州河”“会通河”“通惠河”等河道***。这样，船就能沿着水路直接到达北京了。

元代大运河路线图

元朝是当时世界上疆域最广、实力最强的国家，远征军的足迹遍及世界各地。日本、朝鲜、大食、波斯，甚至极寒的西伯利亚高原，都有元代军队的足迹。

凭借强大的国力，元朝的海外贸易更为发达，当时与元朝有贸易关系的国家有 140 多个。行走在大都的街道上，你能看到来自世界各地的旅行者、传教士和使团，其中最有名的要数***马可·波罗***了。

马可·波罗

国学小百科

马可·波罗是意大利著名的旅行家、商人。17 岁时，他跟随父亲来到元大都，受到了元世祖忽必烈的接待。在中国游历 17 年后，马可·波罗回到意大利，把自己的见闻写成《马可·波罗游记》，激发了欧洲人对中国的向往。不过，也有人认为这位旅行家从来没有到过中国，书里的内容都是他自己杜撰的。

除了商品，东西方的思想、文化和科技沿着航线交流和融合，***促进了整个人类文明的进步***。

第十七节 郑和七下西洋

——明清时期的交通

明代和清代前中期，中国的交通没有什么大的变化：***陆路以官道为主，道旁植树，有驿馆和邮驿；水路已形成四通八达的运输网络。***至于交通工具，富人和官员们一般乘轿或坐马车，穷人就只能选择驴车、骡车或牛车，再差一点的，只能靠“11 路公交车”。

接下来，咱们来看点不一样的。

明代时，中国出现了一个了不起的***航海家***——***郑和***。从 ***1405 年***开始，他就带着船队出使西洋。从中国出发，一直***航行到了西太平洋和印度洋，最远到达东非和红海，拜访了 30 多个国家和地区***，受到当地人的热烈欢迎。

郑和能够率领船队远航西洋，得益于明代发达的**造船和航海技术**。

在造船方面，船体采用**榫接**方式，缝隙中还填塞黏合物，密封性很强。而且，各船舱之间采用了**“水密隔舱”**技术，就是把船分成若干船舱，船舱之间密封，这样一来，就算船体某一部分损坏，也不影响整体安全。

明代的航海技术也有很大的发展。郑和的船队**白天用罗盘导航**，**夜晚用罗盘加星斗观测航向**，称为**“牵星术”**。除此之外，船队还有完善的通信的系统。《西洋记》中说，郑和船队白天看旗帜，夜里认灯笼，遇到能见度比较低的时候，还会**用大锣、小锣、大鼓、小鼓、喇叭、螺号等工具传递信息**，十分有趣。

郑和的船队规模非常大，根据《明史》记载，第一次下西洋时，船队就有**27800多人**，其中包括**医生、宗教人士、匠人、翻译等**各类人员。

船队中**有宝船、粮船、水船、马船、坐船、战船等**各类船只，**一共63艘**，其中最大的是宝船。宝船中最大的长44.4丈（约146.67米），宽18丈（约50.94米），排水量接近2万吨，是当时**世界上最大的海船**。

郑和宝船图

宝船分为 8 层，每一层都有不同的作用，有的供人员休息，有的拿来储存物资，宝船上还可以养猪、种菜、酿酒，这在当时***是独一无二的***。

远洋航行，除了会受到天气的威胁，***还会遭遇海盗或沿途某些国家的勒索***。不过，跟着郑和的船队完全不用担心。根据《明史》记载，郑和船队到达锡兰山（今斯里兰卡）时，那里的国王就发动军队，想要劫持船上的财物。郑和知道后，亲自率领 2000 多名士兵攻破了他们的都城，俘获了锡兰山国王和官员，并将他们一直押送到了中国。

　　与西方人开辟新航线的目的不同，郑和下西洋是为了***和平友好建交，宣扬国威，***以及贸易。郑和的船队中还带着很多送给其他国家的礼物，那些接受访问的国家也都回赠了礼物，一些国家还派使者前往北京朝贡。

郑和下西洋是官方主导的远洋航行活动，其实，在明代的大部分时期，普通人是严禁出海的。后来，沿海地区***倭寇泛滥，禁海的命令便越来越严格。***直到隆庆年间，政府才重新开放海外贸易。

国学小百科

倭寇

倭寇是指 14 ~ 16 世纪，侵入朝鲜、中国和南洋各国边境，烧杀掳掠，无恶不作的日本海盗。为了抗击倭寇，明朝政府曾经多次派军队前往东南沿海镇压，戚继光、俞大猷都是著名的抗倭将领。在倭寇的骚扰下，明代的海外贸易一度暂停。

清代前期，海外贸易仍然十分繁荣，虽然顺治和康熙曾经下过很严格的禁海命令，但持续时间都不长。

后来，为了进一步限制西方人在中国的活动，清政府又颁布了一系列政策，***比如不准外国人在广州长期居住、不准外国人在广州自由活动、不准外国人和中国商人直接交易等。***

对于普通人来说，***出海贸易***非常麻烦：你需要到管理部门进行登记，领取“船引”——一种出海凭证，上面写明了***船只大小***，***所载的货物***，***船上人员的姓名***、***年龄***、***籍贯***，***出发日期***和***预定返回日期***，***等等***，一旦不能按时返回，就会受到严厉的处罚。

鸦片战争之后，西方国家又对中国发动了多次侵略战争。见识了西洋的“船坚炮利”后，一些有识之士决定奋起直追，***修建自己的铁路和轮船***。

鸦片战争

国学小百科

当时，中国在对外贸易中长期处于优势地位，英国便决定走私鸦片，高价卖给中国人。鸦片是一种毒品，长期吸食会给人的精神和肉体造成极大的损害。因此，清政府决定全面禁止鸦片，并将鸦片收缴，由林则徐在广州虎门当众焚毁，史称“虎门销烟”。之后，英国便发动了对中国的侵略战争，史称“鸦片战争”。

1866 年，清政府创立了马尾船政局，这是**中国历史上第一个轮船厂**。**1873 年**，清政府又在上海设立了**“轮船招商局”**，这是中国历史上第一个轮船运输企业。随着时间的推移，中国的海域和内河都能看到大大小小的轮船。

和传统船只比起来，**轮船速度快**、**运力高**，而且**更加便宜**，深受人们的喜爱。

铁路在中国也算是历经了磨难。中国的第一条铁路，是美国商人在北京修建的，一里多长的“样本”。不过，没过几天，这条铁路就被清政府拆除了。后来，一个洋行修建了从上海到吴淞的铁路，没过多久也被拆除扔进了海里。

直到 ***1881 年***，***大臣李鸿章***主持修建第一条中国自办的铁路——***唐胥铁路***。这条铁路***全长 11 千米***，主要用来运煤，不运客。清政府看到铁路带来的便利，终于改变了态度，开始修建铁路。

100多年过去了，随着时间的推移，中国的交通逐渐实现了现代化，中国人民的出行方式更加多样化，出行也更加便捷。

其中，中国高铁经过多年的发展，营业总里程居世界第一，不仅跑出中国速度，更创造了属于中国的奇迹。

孩子一看就停不下来的趣味历史

求学篇

王阳·著
龙小爹·绘

爆笑漫画
古人生活

湘潭大学出版社
XIANGTAN UNIVERSITY PRESS

前言

preface

这是一套写给孩子的趣味历史启蒙读物。不要担心，它并不是冷冰冰、枯燥乏味的书籍。历史不仅仅是由伟大人物和重大事件构成的，很多生活中的微小细节背后，都蕴含着厚重的历史。

好奇是孩子的天性，当他们拿起筷子吃饭时，坐上公交车外出时，拿起铅笔写字时，兴高采烈地迎接新年时，一定问过这些物品或节日的来历吧！

筷子在中国至少有 3000 多年历史，它看似普通，却被赋予了很多文化内涵：筷子有两只，代表阴阳合一；前圆后方，代表当时天圆地方的宇宙观；拿筷子时，拇指、食指在上，无名指、小指在下，中指在中，代表天、地、人三才……

这些我们成年人早已经习以为常的东西，却能带给孩子最好的启蒙。本丛书包括《节日篇》《饮食篇》《求学篇》《出游篇》四册，从诸多细节处入手，沿着原始社会到清朝末年的时间线，全面介绍中国古代的传统节日、饮食、教育和交通。

孔子说：“不知礼，无以立也。”中国是礼仪之邦，日常的衣食住行中也包含着很多礼节。一个懂礼节的人，无论到哪儿都是受欢迎的。书中在介绍古人日常生活的同时，也将中华礼仪融入其中，让孩子能够真正做到“知书达礼”，这是我们最美好的愿望。

为了能让孩子更好地理解，本丛书并不是对历史机械地描述，而是结合当时的时代背景，指出某种历史现象的原因，让孩子不仅能“知其然”，还能“知其所以然”。为了避免枯燥，书中还配有大量妙趣横生的插图，希望能给小读者带来一场别开生面的“穿越之旅”。

目录

contents

第一章 先秦

第一章

先秦

第一节 狩猎与采集

——生存才是人生第一课

欢迎来到原始时代！

在原始社会，**生存**是每个孩子都必须学会的**人生第一课**。

当时的生存环境十分恶劣，所有的食物都必须靠劳动才能获得。部落里女人负责**采集**，男人则要出去**打猎**。

采集时，会分辨植物类型很重要，一旦吃了有毒的食物，后果不堪设想。

对于打猎来说，
工具则是最重要的。

原始社会的主要工具是石器。石器分为两种：***打制石器***和***磨制石器***。

打制石器比较粗糙，加工的工序也比较简单，只需要敲敲打打就可以制成。磨制石器就比较精致了。狩猎用的***工具***都需要自己动手打磨。

早期的人类不会用火，学会使用火后，***使用火***和***保存火种***也成了一项必学技能。

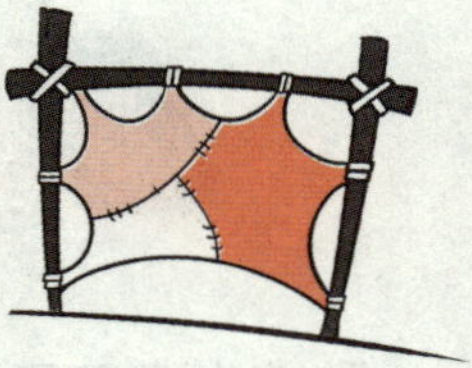

此外，拥有*一身保暖的衣服*在当时也相当重要。

起初，人们会把树叶串在一起做成服装，每个人出门都穿着*“草裙”*。不过，这种服装的保暖性能实在是太差了。

后来，人们渐渐发现，将兽皮穿在身上十分暖和，于是，*兽皮代替树叶*成为人们的“时尚新宠”。

*磨制骨针、缝制兽皮*也是当时的人必须学会的技能。

国学小百科

骨针

骨针是用骨头制成的原始社会的缝纫工具，有上万年的使用历史。

接下来，还要学会建造房子。

随着生产工具的改进，人们逐渐掌握了***处理木材***的技术，于是，木制的房屋出现了。所以，***搭建房子***也是必学课程。

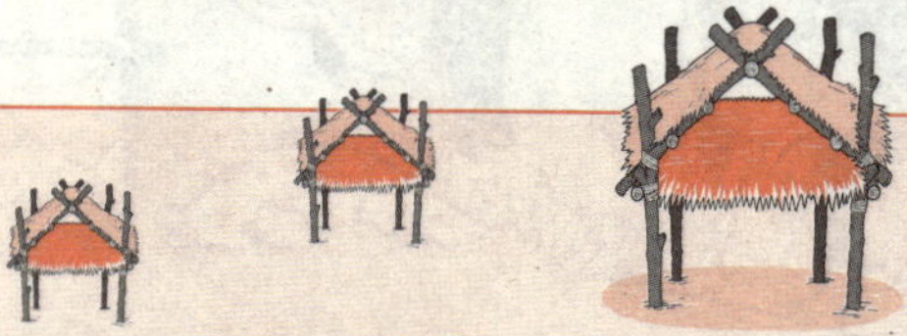

国学小百科

有巢氏

在古代传说中，有巢氏是房屋的发明者，他发明的房屋是建在树上的。

原始人没有文字，他们是怎样记事的呢？

不用担心，他们比我们想象的聪明得多。除了在石头或者器物上刻一些原始符号进行记录，他们还发明了***结绳记事***。结绳记事是指通过绳子的***长短、粗细***、绳结的***大小、距离***和***打结***的不同方法来记录事情。怎么样，是不是很有趣？

当然，这也是“必考科目”。

除了必须学习生存所需的技能，在原始社会，**祭祀**也是一件非常重要的事情。

当时的人相信风、雨、雷、电等自然现象都是**神灵**在控制，他们如果不崇拜神灵，就会受到严厉的惩罚。他们表达对神灵的崇拜方式五花八门，如**献祭、跳舞**等。

祭祀神灵必须按照一定的流程进行，这些流程也是必须学习的内容。

考古学家发现，在原始社会末期的遗址中，往往有片像现在的广场一样的空地，这就是**祭祀神灵的场所**，也是部落举行**重要集会、进行教育**的重要场所。这样的空地可以看作学校的雏形。

在当时，想做老师，除了要有足够的知识，还得受大家尊敬。在部落中，**“巫”**——无疑是祭祀最合适的人选，他们不仅熟悉祭祀的流程，还**懂得天文、礼法、卜算、农业、医术**等，最重要的是，他们被认为是唯一可以和神灵**“沟通”**的人。

在文献记载中，中国最早的学校产生于夏，有**“序”**和**“校”**两种。

一开始，序是用来**养老**的。

《礼记 · 王制》里说：夏后氏在“东序”为卿大夫养老，在“西序”为百姓养老。老人们在入住“序”时，会举行盛大的宴会和典礼，**宣传孝悌**的思想。所以，“序”逐渐有了教育意义。后来，这里就发展成贵族子弟的**教育场所**，学习的主要科目有**射箭、音乐、演武、祭祀、择士**等。

“校”是另一种完全不同的学校，按照《说文解字》的解释，“校”的意思是**“木囚”**，是一种**木制刑具**，引申为**教育**的意思。

到商代时，出现了新的学校形式——“瞽（gǔ）宗”。瞽宗原本是祭祀的场所，因为在祭祀时有礼乐相伴，所以慢慢变成了教育的场所。除了瞽宗之外，商朝还设置了左学和右学，左学是小学，右学是大学。

商朝时的甲骨文已经十分成熟，于是，甲骨文也是当时“知识分子”的必学科目。

国学小百科

甲骨文

甲骨文也叫“契文”“龟甲文字”“殷墟文字”等，是一种刻在龟甲和兽骨上的文字，用来记录占卜结果，是中国已发现的古代文字中最早的成体系的文字。

商代的老师被称为“父师”，除了教导学生之外，他们还要负责祭祀的相关活动。

总之，夏代和商代虽然已经有了教育机构，但是还没有系统的课程，教育机构还掺杂着养老、祭祀、典礼等功能，跟我们现在的学校完全不是一回事。

第二节 周代六艺

——这才是真正的素质教育

周朝的学生真的很轻松吗？

事实恐怕会让你大跌眼镜。

《周礼》中说：**“保氏掌谏王恶，而养国子以道。乃教之六艺……”**“六艺”就是《三字经》里的**“礼乐射，御书数”**，也是周代学生需要上的六门课程。**“国子”**就是公卿大夫的孩子。当时，只有贵族才能进入学校学习这些课程。他们上学的地方叫作**“辟雍”**，妥妥的贵族学校。

国学小百科

辟雍

辟雍也叫“璧雍”，本是周代设立的大学。从东汉开始，历代都设有辟雍，除北宋末年作为太学的预备学校外，其他只用来行祭祀典礼。清代，辟雍是国子监内特设的场所，供皇帝讲学使用。

为了保证这些国子好好学习，学校还给国子们配备了严厉的***保氏***。在周代，保氏主要负责***两件事***：

第一， 在君主“昏头”的时候***负责劝谏***；

第二，在学生不听话的时候，拿出“**夏**（jiǎ）**楚**”，在学生手心上重重地抽上几下。

《礼记·学记》

夏楚二物，收其威也。

国学小百科

夏楚

“夏”通“槚”，指楸树或茶树；楚指荆条。

在周朝，保氏既是官员，也是校长。

上劝君王，下管学生。

如果被打了戒尺，学生还是不听话，保氏就会拿出他的“小本本”，把这个学生的表现记录下来，逐级向领导汇报。

各级官员在接到报告后会对这个学生进行劝诫，如果这位学生还是冥顽不化，就要被**“屏之远方”**——流放了。

六艺，这六门课程看上去简单，实际上非常烦琐。

首先，身为一名贵族子弟，必须要学会**基本的礼仪**。这些礼仪包括祭祀时的**吉礼**，跟丧、吊等有关的**凶礼**，军队中使用的**军礼**，朝见天子时用的**宾礼**，婚礼、冠礼和庆贺时使用的**嘉礼**。

这些礼仪，每一种都有固定的流程，即使一个小小的错误，后果都将十分严重。

接下来，学生们还要学习由**由乐师教授的小舞和大乐师教授的大乐舞**——类似**音乐课**和**舞蹈课**的结合，这可是十分正经的“正课”。

简单来说，乐舞就是随着音乐起舞，且每种舞蹈的**服装、形式和道具**都不尽相同。

学生们要学习的乐舞分为两种，一种是用于祭祀的**六舞**，周代对乐舞的人数有严格的限制。另一种是**“六小舞”，**也是祭祀舞蹈。

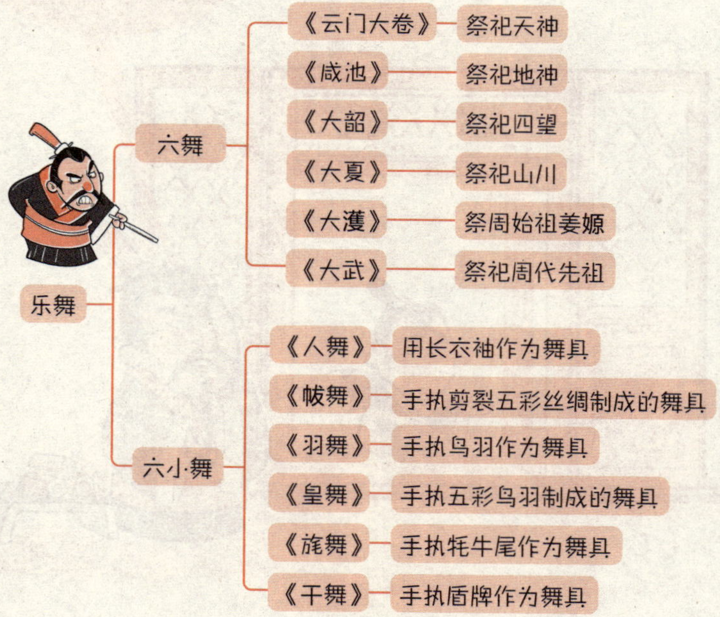

可别想滥竽充数，学完六舞之后，学校还要***组织考试***，如果无法通过，***保氏的夏楚***会让你知道什么叫残忍。

一个合格的**贵族**，还要**在战争中担任勇士**的角色。所以，**射箭**也是一门必不可少的功课。

不过，周朝的射箭课可不是简单的学会射中靶心就好，当时的学生要学习的**射箭术**一共分为**五种**：

五射

- 白矢：箭射穿靶子，露出箭头
- 参连：先射一箭，后三箭连续而放，首尾相连
- 剡注：瞄准时间短，箭矢速度快
- 襄尺：臣子与君王射箭时，臣子要后退一尺，示尊卑有别
- 井仪：射四箭全部中靶，箭矢呈"井"字状排列

在周代，贵族的主要**交通工具**是**马车**，所以，**驾驭车马**也是一门必修课，叫作“**御**”，就像现在开车要学、要考一样。

说起来，在周代驾车，绝对比在现代开车要难上不少。驾车的人除了必须在各种地形和条件下保持马车平稳，还要掌握在马车上**打猎的技术**、驾驶马车的**相关礼仪**、指挥马车按照特定的**轨迹行驶**，十分复杂。

在周代，一个不会写字的贵族绝对会被人耻笑。

周代的学生不仅要学习如何写字，还要**学习造字**的方法，这门课程叫作**六书**。

“六书”到底是什么，《周礼》里没有说，后人只能靠推测，把这门课程定为**象形**、**指事**、**会意**、**形声**、**转注**、**假借**。学会六书，不仅能够写字，还能**“造字”**。

国学小百科

六书

象形

用物体的外部特征表现文字

汉字简化字	日	雨	水
甲骨文			

指事

以象征性的符号表示文字的意义，一种是纯符号的，一种是在象形文字的基础上加一点抽象的符号

“刃”字是在“刀”的锋利处加上一点

会意

把两个或两个以上的字依据事理组合起来，形成新字

两个“人”组成“从”

形声

用形旁和声旁组成汉字

“樱”字的形旁是“木”，表示它是一种树，声旁是“婴”，表示它读音和“婴”字一样

转注

借一个字解释另一个字

用一个汉字表示其他意思，比如用“爪”表示“人手”

假借

借已有文字表示同音不同义的词

赋予一个汉字全新的意思，比如用“青”表示“长绿的草”

接下来要出场的，就是让人头疼的***数学***了。不过，周代的数学更加***注重实用性***，都与***生产生活有关***。毕竟，这些学生们将来都是要治理一方的。

九数

方田	*用边线长短求农田面积的方法*
粟米	*古代粮食交易的计算方法*
差分	*分配比例的计算方法*
少广	*已知长方形面积或长方体体积计算其一边之长的方法*
商功	*测量体积，计算工程用工的方法*
均输	*求赋税、脚费、平均数等*
赢不足	*计算盈亏的方法*
方程	*将相关数据排列成矩阵*
旁要	*勾股*

周朝的学生只有完成六艺这六门功课，才能顺利地从学校毕业，成为一名***能文能武、德智体美劳***全面发展的贵族。

不过，学习是一门终身事业，***生命不息，学习不止***，这才是***“终极奥义”！***

第三节 有教无类

——成为孔子的学生是一种怎样的体验？

历史上把周代分为两个部分：***西周和东周***。东周又分为***春秋和战国***两个时代。

- 周代
  - 西周 前1046～前771年
  - 东周 前770～前256年
    - 春秋 前770～前476年
      - 主要国家：齐、晋、宋、秦、楚
    - 战国 前475～前221年
      - 主要国家：齐、楚、燕、韩、赵、魏、秦周朝实行**分封制**，天子**把土地分给诸侯**，诸侯在此基础上建立国家，向天子贡赋。天子有战事时，诸侯要出兵随从作战。西周时，诸侯们非常听话，**社会安定，百姓和睦**。

在西周，想读书，只能在周王室开办的学校里。因为**“图书馆”**的书**概不外借**。

当时没有纸，也没有印刷设备，文字写在竹简上，收藏在藏书室，由周王室派专人保管。竹简的***制作过程***非常复杂：

第一步

挑选生长三年左右的上等青竹，要枝干挺直，纹理细致。

第二步

把竹子裁成大小合适的竹片，并对竹片表面进行刮削处理，使其更加光滑。

第三步

因为新鲜的青竹中含有水分，容易被虫蛀。所以，必须火烤之后才能使用。在烘烤时，青竹片上会渗出水珠，像出汗一样，所以，这道工序也叫去“汗青”或“杀青”。

第四步

在书写之前，还要给竹简表面抹一层防止写字时墨水晕开的胶质液体，之后就可以用来书写了。

第五步

写满后，在竹片上穿孔，用绳子把竹片连在一起，就算大功告成啦！

随着时间的推移，诸侯越来越强，就再也不听天子的话了，于是进入春秋、战国时期。随着***周王室的衰微***，原本宫廷中的士人也带着典籍和手艺离开了。

据史料记载：***宫里的乐师大师挚去了齐国，乐师干、缭、缺分别去了楚国、蔡国和秦国。周惠王在位时，掌管周史的司马氏去了晋国，周敬王在位时，召氏、毛氏、尹氏等贵族去了楚国。***

大量**典籍流落民间**，于是，很多有文化、有知识的人就自己开办了学校，这就是和官学相对的**私学**。私学不看出身，只要肯交钱，所有人都可以跟着老师学习。

春秋时期私学十分兴盛，**郑国的列御寇、楚国的老莱子、鲁国的少正卯**，都是当时非常有名的**私学“校长”**。

到春秋晚期，一位教育大师横空出世，把私学推到了顶峰，他就是被称为**“至圣先师”**的**孔子**。相传孔子一生招收了**3000 名弟子**，其中著名的有 **70 余人**。

孔子公开表示，教育应该**“有教无类”**，不能因为贫富、贵贱、智愚、善恶等原因把一部分人排除，所有人都有受教育的权利，就算罪犯也不例外。

注：孔子的弟子颜涿聚原来做过强盗。

如何成为孔子的弟子呢？

非常简单，只需要拿“***束脩***（xiū）”作为***拜师礼***就可以。束脩就是十条肉干的意思。不过，孔子并不是非要肉干不可，束脩在这里只是表示礼物不需要太贵重，只要表达***足够的敬意***就可以。

孔子是当时最博学的学者之一，他整理了***周代的典籍***，把这些知识汇编为***《诗》《书》《礼》《乐》***四部作品。除此之外，他还为***《周易》***写序，还整理了***《春秋》***。

成为孔子的学生
是一件非常幸福的事。

首先，孔子私学的教学***环境非常优美***。他的家门口有一棵大杏树，学生们就是在那里上课的。所以，现在常用“杏坛”来比喻教育。

其次，孔子坚持“有教无类”的教育原则，不会因为身份、地位和善恶等因素排斥学生。孔子认为，每个人都有自己的特点，应该“因材施教”。

最后，去孔子那里上学，不用准时准点地去学校报到，也不用应付各种类型的考试，所以，在这里上学，一定要学会自律。

孔子周游列国

孔子 55 岁那年，为了宣传自己的政治主张，带着弟子，开始到各诸侯国游说。他劝说各国国君施行仁政，减少战争，爱护百姓，用礼和道德来治理国家。孔子先后到达卫国、曹国、宋国、齐国、郑国等，但是，在当时战争不断的环境中，根本没有人愿意采用他的主张。无奈之下，孔子只好回到家乡鲁国，从事教育和整理文献的工作。这就是孔子周游列国的故事。

孔子周游列国图

第四节 稷下学宫

——真正的“学霸”聚集地

到战国时期，各诸侯国的争霸已经白热化，国君们对人才的争夺也更加激烈，为了**增强实力**，**“养士”**之风盛行。

所谓“养士”，就是把**有文化、有能力的人养在自己府里，不仅管吃管住，还有工资拿**。

在这场人才争夺战中，***齐国***得到的***人才最多***，也是***实力最强***的诸侯之一。为了吸引更多的人才，齐国干脆在国都临淄城西门——***稷门***，设立了一个学宫——***稷下学宫***。

稷下学宫是世界上最早的新型官办***高等学校。***

国学小百科

士人

士人是古代对知识分子的称呼，士大夫是对官员的称呼，可不要搞混了哦。

稷下学宫虽然是由国君设立的，却不由君王掌管，而由**“祭酒”**负责管理。祭酒是稷下学宫的**“掌门人”**，能够担任祭酒的，都是**学识渊博、德高望重**的人。比如，**荀子**就曾经三次担任祭酒。

稷下学宫的老师叫作**“稷下先生”**。作为当时公认的最高学府，稷下学宫挑选老师的标准非常严格，除了名望、学问之外，还要经过齐王的亲自考察。全盛时期，稷下先生有上千人，几乎容纳了“诸子百家”中的所有学派，**稷下学宫也成为“百家争鸣”的中心**。

国学小百科

百家争鸣

春秋战国时期，社会剧烈变化，很多学者都提出了自己的政治主张、治国方略。他们广收门徒，著书立说，互相争论，随着时间的推移，产生了很多思想流派，形成“百家争鸣”的局面。其中影响比较大的有儒家、法家、道家、墨家、阴阳家等学派。

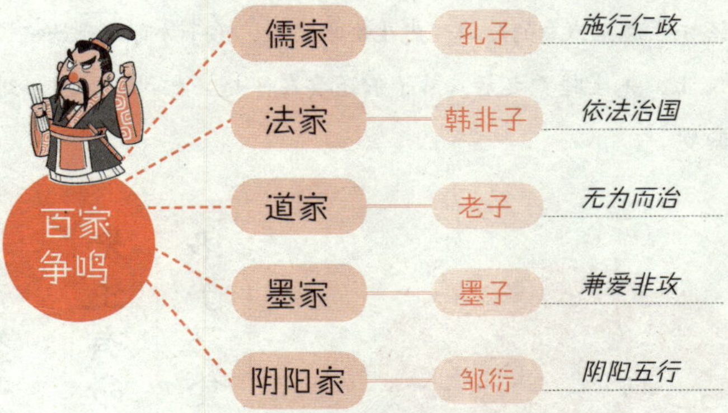

稷下学宫采用***“有教无类”***的办学方针，对所有人开放。而且，在这里学习，不仅学费、书本费全免，伙食也由国家提供，属于真正的***“义务教育”***。

更重要的是，这里的课程十分丰富，学生们可以自己选择跟随哪位老师，如果觉得不满意，还可以随意更换。没有课程表，没有上课时间，也没有考试。

不过，稷下学宫并不是放纵学生，在这里上学，也要***遵守学生守则***。

《管子·弟子职》中就详细记录了弟子应该遵守的礼仪，非常详细：

早上起床后，弟子要给先生准备好洗漱用品，打扫好教室，摆好讲席；

上课时，弟子要保持严肃，坐姿要端正，态度要认真，下课后，学生要全体起立；

吃饭时，弟子要给先生端上饭菜，先生吃完之后，弟子要撤下餐具，给先生送上漱口的器皿，先生吩咐之后，弟子才可以开始吃饭；

晚上，先生睡觉之后，弟子们还要在一起互相讨论学问，到深夜才能睡觉。

《管子·弟子职》

先生有命，
弟子乃食。

你看，
给大师当弟子多不容易。

稷下学宫是真正的**“学霸”聚集地**，也是中国文化史上的一个奇迹。可惜，随着齐国的覆灭，学宫也跟着一起**消亡了。**

第二章

秦汉

第五节 以吏为师

——学法律才是唯一出路

公元前 221 年，秦王嬴政消灭六国，建立了中国历史上**第一个**大一统的**封建王朝**。

秦朝建立之后，秦始皇废除了分封制，在中央建立**皇帝制**，在地方实行**郡县制**。皇帝在整个国家拥有至高无上的权力，任何人都不能干涉。

国学小百科

郡县制

秦代在地方上实行郡、县两级制度，就像现在的省和县一样，地方官员全都由皇帝任免，这样一来，所有权力就都集中到了皇帝手中。郡县制加强了中央集权，有利于国家统一，从秦代开始，几乎所有的封建王朝都采用了这一制度。

秦始皇是一位**好大喜功**的皇帝，自从他登基以后，百姓们就被“折腾”得很惨。

秦始皇有三大爱好：**战争、寻仙和建造**，这些爱好不仅费钱，还很“费人”。可以说，秦朝的大部分百姓，不是正在服役，就是走在服役的路上，日子过得惨兮兮的。所以，对于普通人来说，学习简直就是奢望……

不过，如果可以进入学校的话，就可以免除所有徭役。

在秦朝，想学习只能进入官学——**学室**，所有的私学都被严格禁止。而且，按照当时的规定，只有“史”的儿子才可以进入官学，免除徭役。为了避免徭役，当时甚至有士兵冒充学子的情况出现。

至于高级官员的孩子，则可通过世袭或推举等方式做官。

“**史**”就是**政府从事文字工作的低级文吏。**

国学小百科

徭役

在古代，徭役是指统治者强迫百姓从事无偿的体力劳动，包括力役、军役和杂役。秦始皇时期，徭役十分繁重，百姓们苦不堪言。

学室在各个郡县都有，目的非常明确：***培养合格的官员。***

秦朝采用***法家***思想治国，丞相李斯认为，无论是百姓还是一般官吏，都要向法官***学习法律***，只有这样，才能真正做到***依法治国***。所以，学校里的老师必须是懂法的官吏，实行“***以法为教，以吏为师***”。

来到教室，你会看到桌子上摆着*一支毛笔*、*一份墨锭*、*一份竹简*和*一把小刀*。

在写字之前，你要把桌子上的墨锭加水研磨成*墨汁*。虽然这件事有点困难，但是，比起用小刀刻字来说，这已经算得上是一种“福利”了。至于桌上的小刀，那是用来刮去错字的，相当于现在的橡皮。

国学小百科

毛笔

传说毛笔是秦朝蒙恬大将军发明的。不过，考古学家发现，早在战国时代就有毛笔出现了。

准备好学习用品，老师就要开始点名了。

在秦代，每个学室都有一份完整的学生花名册，除了老师可以拿来点名之外，官吏们也可以随时翻看，派学生执行任务，在学生犯错时，官员还可以惩罚他们。

学室中的课程一共有两类：***识字和法律***。

识字的教材一共有三本：***《仓颉篇》《爰历篇》《博学篇》***。

秦始皇统一了全国的文字，
所有人都要学习小篆。

国学小百科

《仓颉篇》

仓颉是传说中文字的创造者。《仓颉篇》是秦始皇为了统一和简化文字，命令李斯和赵高等人专门用小篆编写的字书。根据考古学家对出土汉简的研究，《仓颉篇》中大约有1200个汉字。

在具备了一定的文字基础之后，弟子们就要开始**学习法律**了。

学室中的法律教材包括***《法律问答》***等，这本书以**一问一答**的形式对秦律进行解释，它是专门为考试准备的。

至于其他学问，还是不要想了。秦始皇曾经颁布过“***挟书律与焚书令***”，禁止所有人携带***《诗》《书》***等书籍，一旦发现，全部处死。所以，在学室里，“课外阅读”不仅不被允许，还有生命危险。

弟子完成学业，通过毕业考试之后，就有资格做官了。

不过，想考试合格可不容易，《说文》及《汉书》中说：学子十七岁考试，必须能写九千字以上的文章。

所以，在秦朝，想学业有成可不是一件容易的事。如果**考试不合格**，不仅弟子要**接受服徭役的处罚**，就连老师也不能幸免。

第六节 无为而治

——想上学，自己想办法

秦朝灭亡之后，***汉高祖刘邦***建立了***汉朝***。汉朝继承了秦朝的制度，历史上称为“***汉承秦制***”。

经过秦末的天下大乱，汉初实在是太***穷***了。据《史记》记载，汉高祖在出行时，甚至找不到四匹颜色相同的马，将相们只能***乘坐牛拉***的车。连统治者都这么穷，更别说普通百姓了，至于教育，那就更顾不上了。

汉朝吸取了秦朝采用法家“**严刑峻法**”为指导，搞得民怨沸腾的教训，选择“**无为而治**”的道家思想为汉初的指导思想，先发展经济，让老百姓休养生息。

此外，为了使国家富强起来，汉初统治者采取了很多措施，比如**减轻赋税**，实行**十五税一**（就是收成的十五分之一用来交税）；减少对外战争，派公主去匈奴**和亲**；让士兵回家务农，**增加粮食产量**；**废除严酷的刑罚；**等等。

国学小百科

无为而治

“无为而治”出自《道德经》，是道家的政治主张。简单来说，“无为而治”并不是什么都不做，而是让统治者少打扰百姓的正常生活。比如，不要在农忙的时候让他们服徭役、建宫殿，也不要挑起战争，因为战争是最消耗人力和物力的国家行为。

汉初虽然穷，但是统治者还是非常***重视知识分子***，把各学派的学者都召到都城，管吃管住，按月发工资，还给他们***封了博士——一种掌管书籍，专通一门学问，教授学生的官职***。

建设国家需要人才，培养人才需要学校。不过，汉初实在是太穷了，修建正规的学校实在太费钱了。别怕，不是还有那么多博士吗？朝廷拿不出钱，就让他们去教学生好了。

于是，汉朝的皇帝一方面***取消了秦朝的“挟书律”***，允许人们自由***收藏、传抄各种经典***；另一方面取消了秦朝对私学的限制，允许学者们广收门徒。就这样，诸子百家们迎来了春天，私学也蓬勃发展起来。

如果在汉初上学，你有很多门课程可以选择。

不过，当时学习道家是很有前途的。比如丞相曹参就非常精通道家学问。

如果选择这门学科，《老子》这本书就是主要教材。

国学小百科

《老子》

《老子》又称《道德经》，一共有五千多字，内容博大精深，包含宇宙起源、治国之道、养生方法等内容。

不过，最受欢迎的还是**儒学**。

汉初的儒学发展很快，全国各地有很多教授儒学的老师。比如山东的伏生教授**《尚书》**。

跟着伏生老师学习，主要的功课有三门：听老师**讲《尚书》**、一字不差地**抄写《尚书》**、全文**背诵《尚书》**，是不是很枯燥？

没办法，就算你选择其他老师，课程也都是这三样，在那个书籍无比珍贵，又刚刚经历过“挟书律”的时代，**把书传承下去**才是学习的主要任务。

国学小百科

《尚书》

秦始皇下令禁止藏书时，伏生冒着生命危险把《尚书》藏在墙壁中。秦朝灭亡之后，他把《尚书》取出，在山东广收门徒，成为当时的儒学大家。《尚书》是儒家经典之一，最早叫《书》，是一部关于上古时代圣王事迹的著作，也是中国最早的散文总集。

第七节 太学复兴

——看好了，这才是官方教科书

经过汉初的发展，汉朝的国库逐渐充盈起来，国力也强大起来。

汉武帝继位后，他有两个最大的心愿：*征服曾经欺负过汉朝的匈奴和维护国家统一*，把那些诸侯全都“消灭”。汉武帝想奋发图强，道家却让皇帝“无为”，不要征兵，不要打仗，这种指导思想显然是不合时宜的。于是，汉武帝决定在全国*选拔人才*，让他们给自己出出主意。汉武帝甚至*亲自出题，亲自阅卷*。

在所有的人才中，汉武帝最欣赏的要属**董仲舒**了。

董仲舒是研究**《春秋》**的大师，他提出了三个观点：

1. 国家首先要**保证统一和稳定**，这叫**“大一统”**，是**天道**；

2. 要在全国推广**儒家思想**，**统一思想**；

3. 要**以德服人**，推行**儒家的教化和礼治**。

察举制

察举制是汉代的主要选官制度，从汉文帝开始，汉武帝时成形，分为岁举和诏举。在岁科中，孝廉是最重要的一科。“孝”指的是孝敬父母；“廉”指的是清廉勤政，这是古代对官员的基本要求。诏举是皇帝下令临时举行的选拔。

国学小百科

这三条建议全都来源于儒家的*经典《春秋》*，也全都说到了汉武帝的心坎上，皇帝举双手赞成。于是，***汉武帝决定在全国推广儒家思想。***

董仲舒又接着建议：***凡是不在六艺之科、孔子之术的各家学说，都要从博士***（汉初时，诸子百家很多学者都被授予了博士官职）***官学中排除出去，不学儒家就不给官职。***

接着，董仲舒又提议，可以在都城长安开办太学，设立《诗》《书》《礼》《易》《春秋》五经博士，负责太学中的教育工作。

除此之外，汉朝还有艺术学校、贵族学校……

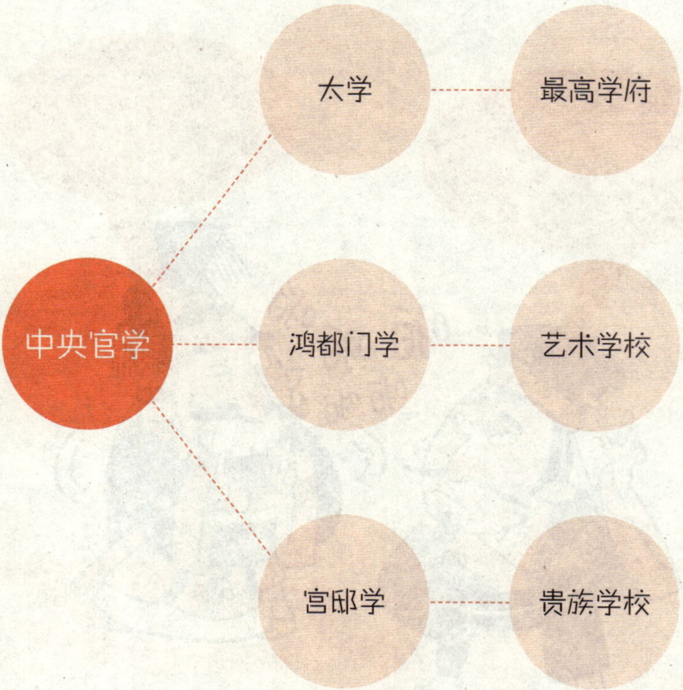

作为汉代的最高学府，博士的挑选非常严格，除了品德和学问，东汉时期还要求***博士必须年满五十岁***。

至于太学生，***不仅学费和住宿费全免，毕业之后还可以做官***，所以，国家对太学生的挑选十分严格。选拔博士弟子由太常***（朝廷掌宗庙礼仪之官）***负责，地方官员也可以选送，在综合考察学生的学问和道德之后，才能进入太学。

首先要恭喜你成为一名太学生。现在，你可以背着“**箧（qiè）**”——一种用**竹子编成**的方形箱子去上学了。长这样：

另外，你还要穿上统一的“校服”，戴上**儒生冠**。

接着，你会坐到窗明几净的大教室，不过，汉代没有凳子，只能“**跪坐**”，像下面这样：

这样坐很累，而且容易脚麻，但是，请保持**腰部挺直**，**不要乱动**，一旦被老师发现，可是要被戒尺打的。

好了，现在看看桌上的文具吧。

毛笔、竹简、小刀，还有一团……灰？

汉代规定，只有**年满 18** 岁才能进入太学。如果是在**太学初建**时，教室里可能只有 **50 位同学**，每位同学都能得到博士的**亲自教导**。不过，如果是在**汉代后期**，教室里可能有**成百上千名学生**，而**博士只有一个**。

坐在后排，你可能都听不清楚老师讲的是什么，只能下课后请教功课比较好的同学，然后自习。所以，在太学里，无论老师管不管，都要**认真学习!**

太学中的课程很多，你可以自由选择**“鲁诗”“齐诗”“韩诗”“欧阳书”“大夏侯书”“小夏侯书”“大戴礼”等 14 门课程**，不用担心选择哪门，它们一样“枯燥”。

虽然枯燥，但还是要努力学习，因为太学中的考试非常难，很多人头发都白了还没有通过。在不同的时期，太学中的考试时间并不相同，**西汉**是**一年考一次**，**东汉**则是**两年考一次**。

太学中的考试叫**“设科射策”**，简单来说，就是老师把问题写在竹简上，根据难易程度分成甲科和乙科，学生随机抽取，老师根据学生的回答打分，把**成绩分成甲、乙、丙三类**，并**分别举荐官职**。

国学小百科

凿壁借光

汉代有位著名的文学家匡衡，他小时候家里很穷，在太学上学时，虽然学费全免，生活费却要自己负担。为了顺利完成学业，他只能白天打工，晚上才有时间学习。可是，点灯的油也是一大笔开支。无奈之下，他只能在墙上凿了一个洞，“借”邻居家的烛光看书，这就是“凿壁借光”的故事。

如果无法进入太学，**地方官学**也是不错的选择。

根据史书记载，汉朝在郡国设“学”，**县、道、邑、侯国设“校”**，配备两名老师；在**乡设“庠（xiáng）”**，**乡以下的单位设“序”**，配备老师一人，“**四海之内，学校如林，庠序盈门**”。

国学小百科

文翁兴学

汉代的地方学校起源于蜀地。当时，文翁被派往蜀地任太守。他到任之后，发现蜀地不仅很穷，文化教育也很落后。于是，他选了10个聪慧的下属，送到长安跟随博士学习，学成之后再回到蜀地任职。这种模式不仅改变了蜀地文化教育落后的面貌，还能培养合格的官员，简直完美。于是，文翁就在当地开办了官学，继续培养官员。

汉武帝继位后，对这种办学模式大加赞赏，决定在全国推广。

汉代地方学校的教育目的有两个：***一是培养合格的地方官员，二是通过定期举办“乡饮酒礼”“乡射”等活动向社会推广道德教化。***

学校里学习的内容，包括儒家经典和法律条文。咱们来说说有趣的课外活动——***“乡饮酒礼”和“乡射”***。

首先是乡饮酒活动。作为一名学生，你要在老师的安排下担任引赞、读律、司钟、司鼓等任务。简单来说，就是***接引人员入场***、***宣读活动内容***、***负责奏乐***……接着，你还要负责会场的陈列和布置，按照客人的地位分配座位。友情提示，下面这张表一定要牢记：

古代座位尊卑排序

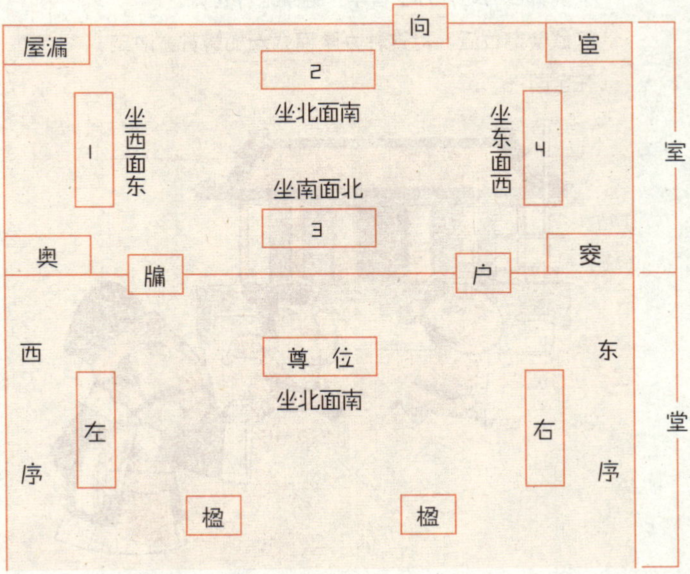

乡射和乡饮酒礼一样，参加乡射的人员也包括地方长官和各类乡绅，不过**主角是学生**。

乡射会选出 6 名学生分成**上耦**、**次耦**和**下耦**进行比赛，每一耦的两人分成**上射**和**下射**，一共进行**三轮射击**比赛。

司射计算完成绩之后，**胜利的一方要脱下左边的衣袖，戴着扳指和护臂，把手里的弓拉满，做出射箭的动作。这是一种专属胜利者的仪式，一定要把弓拉满！**

第八节 书馆启蒙

——教育要从娃娃抓起

太学和地方官学都是成人上学的地方，而且，汉代官方没有开设“幼儿园”和“小学”，所以，启蒙教育的任务就落到了私学的肩上。***汉代的私学非常发达，几乎遍布全国的每一个角落。***

当时还没有分出专门的幼儿园、小学、初中等教学阶段，都在书馆上学。书馆也叫书舍，里面的教育分为两个阶段：***识字和经学***。

对了，书馆不是免费的，所以，请先准备好学费和给老师的礼物——**束脩**。

来到书馆，先生会先给你发一本识字的书。这本书可能是**《仓颉篇》**，也可能是**《凡将篇》**或**《急就篇》**。

你要在先生的带领下，摇头晃脑的把这本书全篇背诵："**宋延年，郑子方，卫益寿，史步昌……**"

《急就篇》

里面包含 2016 个单字，这些字按照三、四、七字一句的形式排列，合辙押韵，读起来朗朗上口。篇中分章叙述各种名物，如姓氏人名、锦绣、饮食、衣服、臣民、器物、虫鱼、音乐以及宫室、植物、动物、疾病、药品、官职、法律、地理等，不仅为识字而设，还有传播知识、以应实际需要的意思。比如，"皋（gāo）陶（yáo）造狱而法律存"这句，讲的是一个传说故事：皋陶是传说中舜帝的大臣，他是中国历史上第一个开始造监狱、制定法律的人。

国学小百科

经过勤奋的学习，你终于掌握了这些生字和它们的意思，先为自己鼓掌。不过千万不要把书随便乱丢，接下来，你还要学习它们的写法，而且，还要写得工整，这是老师考察的重点。以后选官时，***书法也是考核重点***。

在书馆中，一定要按照先生教的方法，拿稳毛笔，一字一画地认真写，不然就要受皮肉之苦了。

学完生字，练好书法之后，你就要进入下一阶段的学习了。这一阶段的主要教材有三本：*《孝经》《论语》和《尔雅》*。

汉代非常重视孝道，*《孝经》*讲的是“*百善孝为先*”，上到皇帝，下到百姓，所有人都要遵守。这本书要全文背诵，还要能够默写！

*《论语》*是一本记录孔子和弟子言行的书，全书共 16000 字左右，也必须全文背诵和默写！

*《尔雅》*里面不仅有生字，还有字的结构、术语的解释、组词的方式等。不要怕，这本不用背。

学完这些课程之后，你的人生将会迎来重大转折：

如果学业优秀，你将有机会进入太学继续深造，或者有机会进入地方官学，被培养成地方官员；当然，你还有另外一种选择：***进入更高级的私学——经馆***。不过，这种私学不仅学费很贵，家里要有足够的积蓄供你继续深造，而且对学生水平的要求也非常高，并不适合大部分人。

倘若你幸运地进入了经馆，也先别高兴得太早，你还要面临另一个问题：大经馆的老师非常有名，都有很多学生，有的甚至有上千名弟子。所以，经馆的学生被分为两类：***授业弟子和著录弟子。***

授业弟子比较少，可以得到老师的亲自教诲，甚至可以和老师讨论经义，老师要推荐人做官也会优先他们。

至于著录弟子，则只能在花名册上写下自己的名字，排队请教老师，而且，有的人学了几年，连老师的面都没见过。

不过，还是有个好消息，你虽然得不到老师的指点，却能得到授业弟子的指点，这种教育方式叫作***“转相授受”，老师把知识传授给授业弟子，再由授业弟子传授给著录弟子。***

但是，“二手”知识的准确度就不敢保证了……

总体来说，***如果你的学业比较好，前途还是光明的。***运气好的话，你会得到老师或当地官员的推荐，成功进入仕途，成为官员；运气比较差，没人推荐的话，你也可以开馆收徒，赚取学费。

当然，所有出路的前提都是学业有成。

所以，好好学习，天天向上才是最重要的！

著录弟子

第九节 材料革命

——从龟甲到纸张

纸，自被发明以来就在中华民族的历史长河中起着不可替代的作用。

现在，纸已经成为我们生活和学习中离不开的物品了。在古代，*纸很稀缺，也很珍贵*，那些文人都非常珍惜纸张。

你知道吗？

纸的发明和改进经历了漫长的历史过程。

商代，兽骨和龟甲是主要的书写材料。不过，在坚硬的甲骨上刻字十分困难，而且这些材料也不是随处可见，所以只用来记录占卜结果和十分重要的事件。对普通人来说，文字和日常生活的距离还有些遥远。后来，青铜器出现以后，青铜器又成为文字的载体，这种刻在青铜器上的文字叫作“金文”或“钟鼎文”。

如何篆刻金文

青铜器这么坚硬，那些字是怎么刻上去的呢？其实，古人比我们想象的聪明得多，早在商周时期，人们就已经学会了铸模：青铜器是用黏土制作的模具制成的，所以，只需要先在模具上把字刻好，这样，铸造的青铜器上就有了文字。

国学小百科

再到后来，人们发现，竹简不仅容易书写，而且材料容易获取，能够保存很长时间，于是***竹简***成为***主要的书写材料***。除了竹简，***木牍***也是当时的***主要文字载体***。顾名思义，***木牍就是用木板制成的。竹简细长，木牍则比较宽。***

中国古代的阅读习惯和现代不同，文字都是按照从上到下、从右至左竖行排列，这就是受了竹简的影响。

国学小百科

丝绸

除了竹简和木牍之外，丝绸也可以用来书写或作画。不过，丝绸的价格实在太过昂贵，无法全面推广。

到了西汉时期，出现了一种***“植物纤维纸”***，它主要是由***破旧的麻絮、麻布和绳头等原料***制成的。西汉是麻纸的萌芽阶段，产量不大，产地不广，质量也很差，不足以代替帛、简。

甲骨难得，金石笨重，丝绸昂贵，简、牍难以携带，这些都对知识的传播造成了很大的影响。直到东汉时期，一位叫***蔡伦的宦官改进了造纸术***，书写材料终于迎来了革命。

经过蔡伦的改进，形成了一套较为定型的**造纸工艺流程**，其过程大致可归纳为四个步骤：**分离原料、打浆、抄造、干燥。**

第一步：分离原料，就是用沤或蒸煮的方法使原料在碱液中脱胶，并分散成纤维状；

第二步：打浆，就是用捶捣的方法切断纤维，并使纤维帚化，而成为纸浆；

第三步：抄造，即把纸浆掺水制成浆液，然后用捞纸器（篾席）捞浆，使纸浆在捞纸器上交织成薄片状的湿纸；

第四步：干燥，即把湿纸晒干或晾干，揭下就成为纸张。

蔡伦的造纸术有三个优点：

第一，材料易得，无论是穿过的旧衣服、破烂的旧渔网还是树皮，都可以用来造纸；

第二，造纸的工序相对简单，便于推广；

第三，纸的柔韧性和光洁度高，适合用来书写。

为了改良造纸术，蔡伦带着工匠们进行了无数次实验，经历了无数次失败，倾注了半生心血。为了纪念蔡伦，人们便把这种纸称为***蔡侯纸***，***连汉和帝也下令推广他的造纸法。***

蔡伦之后，各代又对造纸术的材料和工序进行了改进。到***魏晋时期***，***纸已经进入学堂***，成为主要的书写材料。

《晋书》中记载过一个非常有趣的故事：当时，一位叫左思的文学家写了一篇***《三都赋》***，人们都竞相传抄，导致洛阳当地的纸都涨价了——这就是***洛阳纸贵***的典故。

后来，蔡伦的造纸术沿着丝绸之路传遍世界，为世界文明的发展做出了重要贡献，被***列入中国的四大发明之一***。

所以，我们日常生活中随处可见的纸，是先辈们努力了千年的结果，一定要珍惜它们。

第三章

魏晋南北朝

第十节　门阀家学

——高门大户里的私人"学校"

汉代之后，中国进入了长期的分裂割据之中。从三国时代开始，先后经历了西晋、东晋和南北朝时期，到隋代重新统一，共持续了***360 多年***。在这段历史时期，中国***战争不断***。

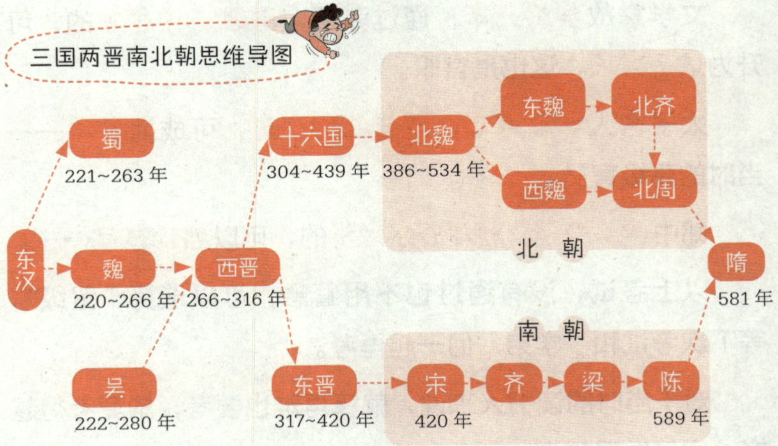

魏国的统治者***重视儒学***的教育，在洛阳开办了***太学***。不过，在当时普通人很难进入太学。太学设置了***经学博士***，采用“***五经课试法***”教学。在太学中学习，就像玩一场需要升级的游戏，需要通过一次又一次的考核……

国学小百科

五经课试法

“五经”指《诗经》《尚书》《礼记》《周易》和《春秋》。“五经课试法”是当时学校中的一种考课制度，把学校教育与文官选拔考试统一起来了。

想成为一名合格的太学生，首先得*学满两年*、*通过一经的考试*。

太学生*学满两年*之后，*通过两经的考试*，才能成为*文学掌故*——当时的官职，可以做郡国的小吏。

文学掌故*学满三年*，通过考试，*精通三种经书*的，可升为*太子舍人*，这也是官职。

太子舍人*学满两年*，*通过四经考试*，可成为*郎中*——当时的高级官员。

郎中*学满两年*，*通过五经考试*的，可以*继续升官*……

以上考试，没有通过也不用着急，可以选择“留级”，等下次考试和“学弟”们一起再考。

对于当时的读书人来说，就算再难也要考，毕竟考得越好，官就做得越大……

由于“**五经课试法**”规定了学习的内容、升迁的途径，学生们的积极性非常高，太学生的人数也一度达到 **3000 人**，是当时的一大盛况。

制度是好的，执行起来就是另外一回事了。据史书记载，魏国晚期朝堂的 400 多名官员，能够写文章的不到 10 人。可见，**“五经课试法”实在有些名不副实**。

魏晋时期，出现了“***门阀士族***”——***以宗族关系为纽带形成的贵族阶层***，他们长期把持朝政，世代为官，几乎垄断了所有的权力。官员在选拔人才时，优先推荐自己的家人和亲属，随着时间的推移，***世代官宦***的家族就这样出现了。在东晋时期，***门阀士族的权力甚至超过了皇帝。***

魏晋察举制

国学小百科

在门阀士族形成的过程中，察举制起到决定性的作用。察举分为“选”和“拔”两种。“选”是从读书人中挑选人才做官，“拔”是提拔下级官吏，这两种权力都掌握在官员手中。

门阀士族的崛起给教育带来了一个很大的问题。

世家大族都是诗书传家，家里不仅有大量藏书，有水平相当于博士的老师负责教学，还有世代传承的家学。而且，门阀子弟大部分都不用学习，老师也不怎么管，因为大族都有渠道可以直接做官。因此，世家大族的子弟大多不愿进入太学学习，太学也就失去了选拔人才的意义。

比如，**“书圣”王羲之**出身琅琊王氏，父亲王旷和叔父王廙（yì）都是当时著名的书法家。**王羲之从小就在家接受教育，水平远不是同龄人可比的**，进入太学之后，又要跟其他同学一起从头开始学习，就像让一个数学专家学习“5 以内的加减法”一样。

在当时，像王羲之这样的情况并不在少数。

为了解决这个问题，到了晋代，朝廷又在太学之外设立了***国子学***，规定只有***五品以上官员的子弟才能进入***，太学只收***六品以下官员的子弟和平民子弟***。这样一来，就形成了“***士庶（平民）双轨***”的学校体系，国子学就像当时的“火箭班”。

其实，在兵荒马乱的年代，无论是太学还是国子学，教育的质量都不怎么样，学校管理松弛，教书的博士很多都是兼职，学生们也无心读书。

第十一节 四馆并列

——“玄”也是一门学问

晋代之后，到了刘宋。宋武帝刘裕非常重视教育，从刘宋建立开始，***宋武帝就资助学者继续开办学馆***，广收门徒。为了激发学子们的积极性，他还多次到学馆视察。

到宋文帝时，局势逐渐稳定，经济也慢慢恢复。于是，***宋文帝在京师兴办了儒学馆、玄学馆、史学馆和文学馆***，四馆并列，各自招收学生进行教育。

作为一名学生，你可以自由选择学馆进行学习。

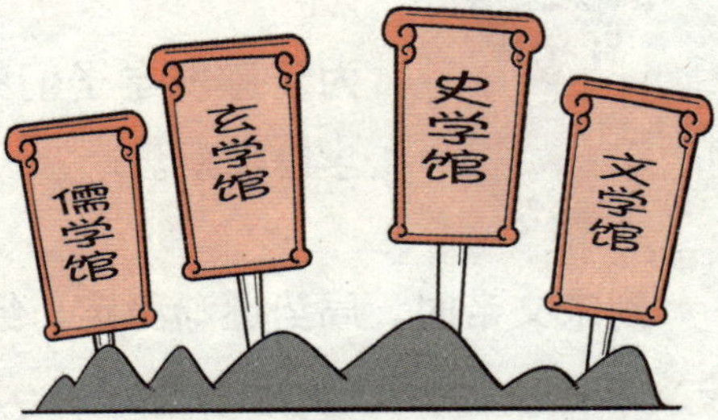

在儒学馆，你可以学到儒家的传统经书，教学的都是当时有名的大儒；

在玄学馆，教材是《老子》《庄子》和《周易》，教学的都是当时的名士；

在史学馆，你可以研究古今历史，学习怎样撰写史书；

在文学馆，你可以学到撰写文章和诗的知识。

国学小百科

玄学

玄学起源于《老子》中的"玄之又玄，众妙之门"，主要的研究对象是《老子》《庄子》和《周易》。当时，研究玄学的都是名士，比如著名的"竹林七贤"——嵇康、阮籍、山涛、向秀、刘伶、王戎和阮咸。他们追求思想上的自由，研究宇宙诞生等哲学问题，喜欢坐在一起聊天喝酒，称为"玄谈"。

随后，宋明帝又在京师设立了***总明观***。***总明观是藏书、研究和教学三位一体的机构***，只不过教学的任务没有那么重要了。

总明观也设立了儒、玄、史、文四科，这是中国历史上***第一次进行分科教育***，就像现在分语文、数学、英语等学科一样。

与官学相比，当时的私学就有趣多了。首先，学习的内容很丰富，除了传统的四科外，还有***算学、医学、外语***等。其次，老师也不同，可能是***隐居山林的学者，也可能是家大业大的世家公子、朝廷官员***等。如果对旅行有浓厚的兴趣，还可以跟随老师到处游玩，当然，得把路上的见闻写下来……

私学中，*门阀家学教学质量最高*。门阀士族不仅有钱、有权，还牢牢把握着进入官场的途径。如，梁代王僧孺家里就有上万卷藏书，这对普通人来说是难以想象的。

魏晋时期的士族，大部分都是汉末的儒学高门。比如*汉末的大儒卢植*，他的后代也都是儒学大家，从儿子卢毓开始，一直到玄孙卢谌，都精通儒学，世代为官。

除了儒家经典和家规之外，由于传承不同，家学中能学到的知识也不同。除此之外，还有***各种专精医学、阴阳、书法、绘画、音乐、篆刻等知识的家族，甚至有专门研究机械的家族***。

比如，南朝著名***数学家祖冲之***，他们家学的就是历法、数学和机械制造等，祖冲之从小就跟着父亲“***专攻数术，搜炼古今***”。

注：祖冲之首次将圆周率精确到了小数点后面七位数，直到近千年后，这一记录才被阿拉伯数学家打破。

另外，这时还出现了流传后世的儿童启蒙读物***《千字文》***。

《千字文》是南北朝时期南梁周兴嗣编纂的儿童启蒙教材。《千字文》由 ***1000 个不重复的汉字***组成，这些字全都选自王羲之的书法作品。作为儿童启蒙读物，《千字文》***对仗工整，条理清晰，读起来朗朗上口，易于背诵***，现已经被翻译为英文、法文、意大利文等多种文字，流传世界。

总之，当时的私学内容十分丰富，总有一款适合你。

第十二节 “士兵”教学

——“奇葩”的北齐学校

在中国的北方，***从北魏开始，到东魏、西魏、北齐、北周，总称为“北朝”***。

北魏建立之初，就建立了***太学***，设置五经博士，当时学生多达 3000 人。后来，北魏的皇帝又创立了***中书学***，主要面对贵族子弟，普通人很难入学。到孝文帝时，北魏政府又设立了***太学和四门小学***。

国学小百科

四门小学

四门小学是北魏孝文帝在太学坊的东、西、南、北四门设置的学校，主要用来教育皇族子弟，属于贵族专属学校，学习的内容是儒家经典。

虽然，北魏皇帝热衷教育，但由于战乱，国子学中一度只有一个老师上课。北魏之后，北齐和北周也基本延续了北魏的制度，情况也大同小异。

北齐时，甚至出现了这种怪相——***每天清晨士兵会叫你起床，***让你给学校撑场面、充人数。

当时，北齐的皇帝不仅在各地都***修建了官学***，还在学校里***建造了孔庙***，规定学官每月必须去***祭拜一次孔子***。看看你周围的同学，大家都在非常卖力地读书，琅琅书声甚至能传到皇帝的耳朵里。

不过，这教育的质量恐怕要***大打折扣***了。

和这一时期不怎么靠谱的官学比起来，**私学就显得格外靠谱**了。

一开始，皇帝们并不喜欢私学，北魏的太武帝就曾经下令***取消所有私学***。不过，一纸禁令根本拦不住学子们的热情，私学的数量不仅没有减少，反而增多了。

北齐对私学的态度十分宽容。根据《北史》的记载，求学的人遍布乡野的每一个角落，到处都能看到穿着儒士服、背着书箱的学子。北周的情况也相差不多。和前代相比，***南北朝时期的私学规模更大，科目也更多***。

所以，只要你有心向学，还是有地方学习的。运气好的话，你家附近就有某位大师开办的学堂；运气不好的话，你就要背起书箱，去千里之外求学了。

不过，魏晋南北朝时期，求学需要大量的物质财富支持，普通百姓只有两条出路：***要么安心种地，要么冒着生命危险到战场上博一个功名。你会怎么选呢？***

第四章

隋唐

第十三节 六学教育

——唐诗也是必考科目

581 年，隋文帝杨坚建立隋朝。战乱结束后，隋文帝励精图治，开创了“***开皇之治***”的繁荣局面。随着经济的发展和政局的稳定，教育也逐步发展起来。

隋文帝非常重视教育，他***推崇儒学的礼教***，认为教育的根本是教化百姓，同时也非常重视佛教和道教。不过，***学校里的主要教材还是儒家经典。***

要学习，自然离不了学校。隋代以前，学校都归太常统一管辖。太常除了管教育之外，还要兼职祭祀、礼仪、天文历法等，很不专业。隋文帝加大力度建设学校，特别设立了***国子寺***——相当于“***隋朝教育部***”，只负责管理教育，***这是中国历史上第一次设立专门的教育部门***。

在国子寺的管理下，隋朝的教育事业蒸蒸日上。根据《隋书》的记载，隋朝在中央设置了***国子学、太学、四门学、书学和算学***，不仅学习内容丰富，庶族（有一定财产的地主和小官员）子女也有了受教育和出头的机会。

隋朝中央官学

国子学	贵族学校	学习儒家五经
太学	门第要求比国子学低	学习儒家五经
四门学	庶族子弟	学习儒家五经
书学	庶族子弟	学习书法
算学	庶族子弟	学习天文、历法、财务、工程等

但是，隋炀帝继位后频繁发动对外战争，滥用民力，隋朝只维持了短短 37 年就灭亡了。

到了唐朝，***唐代统治者***吸取隋朝灭亡的教训，重视百姓生活，勤俭节约，让老百姓休养生息，选用贤明的官员，***开创了“贞观之治”的盛世***。

唐代的统治者非常重视教育，但并不是独尊儒学，而是***儒、佛、道三教并用***，甚至把道家的创始人老子奉为祖先，让官员们一起学习***《道德经》***。

不过，治理国家，培养官员这些事，还是要交给儒学。为了兴办教育，唐太宗召集了当时有名的大儒，修建了一个超级大的图书馆——***弘文馆***，馆中汇集了***经、史、子、集等***各类图书 20 万卷。弘文馆既是图书馆，也是***讨论国事***、***教书育人***的机构。

如果你有幸进入弘文馆听课，可能还会在同学中发现一个穿着黄色衣服的人，那个人就是皇帝，他也是你的同学，惊喜吧！

后来，唐太宗又在太子居住的东宫设立了***崇贤馆，负责掌管东宫的书籍和教育学生***。不过，能进入崇贤馆学习的，都是皇族子弟和高级官员的子女。

除了“两馆”，唐代还开办了***国子学、太学、四门学、律学、书学和算学等学校***，这样，就形成了“***六学二馆***”的官学模式。

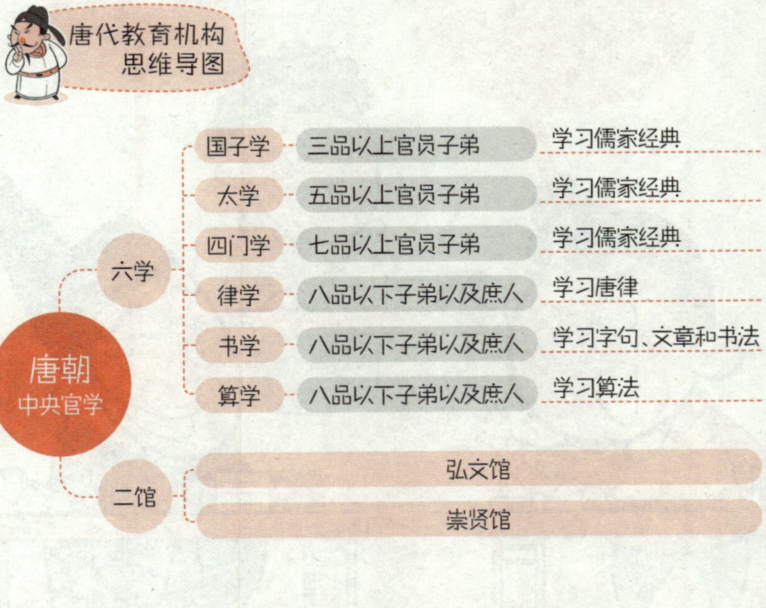

不过，在唐代，***贵族和官员的子弟***仍然享有***优先上学的特权***。而且，学校都会划分品级，学生只能按照***出身门第的高低和父辈、祖辈官职的高低***选择对应的学校。

唐代六学的规模不断扩大，修建的学舍就有 *1200 个区*，连军营都设有学校。学生也从*最初的 342 人*，迅速增长到 *3200 多人*，有讲学活动时，甚至超过 *8000 人*。

由于唐朝国力强盛，经济繁荣，推崇文教，周边的很多国家都*派留学生前来学习*。所以，如果你在唐代上学，教室里还能看到来自各国的留学生。

选好了学校，

接下来就要准备入学了。

在唐代，束脩之礼已经成为法律规定必须进行的入学礼仪，且形式也基本定了下来。

开学时，学生要准备***束帛（丝织物）一筐、酒一壶，脩一案，穿好“校服”***，向老师行拜师礼。

在学习内容上，

唐代比先前的其他朝代要**丰富得多**。

此外，在唐代，写诗是必须学习且要熟练掌握的内容。***唐代是诗的王朝，在二百多年中，仅有名的诗人就有 2500 多名，诗的体裁和风格也丰富多彩***。写好诗不仅能在考试中取得好成绩，还能受到皇帝的特殊关照，比如李白同学……

唐诗思维导图

- 唐诗
  - 流派
    - 山水田园派：代表人物：王维、孟浩然；描写自然风景
    - 边塞诗：代表人物：高适、岑参、王昌龄；描写边塞风景和战争
    - 浪漫派：代表人物：李白；抒发个人情感，追求自由
    - 现实派：代表人物：杜甫、白居易；描写现实生活
  - 体裁
    - 古体诗
      - 五言古诗
      - 七言古诗
    - 近体诗
      - 律诗
        - 五言律诗
        - 七言律诗
      - 绝句
        - 五言绝句
        - 七言绝句

国学小百科

古体诗

古体诗也叫古风，是一种唐代以前就开始流行的诗歌，对句数、每句的字数和押韵没有严格的限制。近体诗也叫今体诗，在格律、句数和字数上都严格的限制，包括律诗和绝句两种。律诗由八句组成，每句五个字的叫五言律诗，七个字的叫七言律诗。绝句由四句组成，五个字的叫五言绝句，七个字的叫七言绝句。

学习一定要劳逸结合，
好好休假才能好好学习。

唐代学生的假期有很多，包括每十天一次的旬假，五月份农忙时期长达 *15 天*的*田假*，入冬时 *15 天*的*授衣假*。如果是离家比较远的同学，学校还会根据路程的长度增加假期，非常人性化。

国学小百科

沐浴假

古人把洗头称为“沐”，把洗澡称为“浴”，沐浴假就是专门为清洁个人卫生放的假。早在汉代，朝廷就明文规定：官员每隔五天可以休一天沐浴假，称为“五日沐浴”。到唐代，沐浴假成了十天一次，叫作休澣，学生们的旬假其实就是休澣。不过，对于古人来说，洗一次澡实在太费时间了，大好的假期，还是游玩来得痛快。比如，唐代大诗人刘禹锡就写过“五日思归沐，三春羡众邀”的诗句。

另外，唐代的学校有***严格的管理制度***。按照***《唐六典》***的记载，不听从老师教诲的、请假超过规定时间 30 天的、在教室大声喧哗的、不努力学习的，这些都属于会被劝退或开除学籍的情况。

在学校，考试是必不可少的项目，按照唐代的制度，连续三次毕业考试不合格也会被劝退。

唐代的考试分为五种：

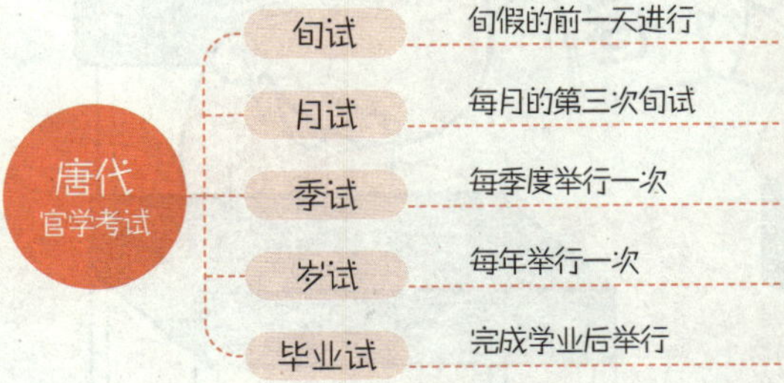

通过毕业考试的学生，名字就会被送到祭酒那里审阅，报送礼部之后，就能参加科举考试了。***科举制是唐代最重要的选官制度，金榜题名也是每个学子的最终目标。***

第十四节 科举取士

——古代最公平的考试制度

前文说过，魏晋南北朝选官的权力实际上被门阀士族控制，养成了很多世家大族。隋朝皇帝苦思冥想，终于想出了一个好办法——***科举制！科举制的确立，让中下层读书人终于有了出人头地的机会。***

科举制

科举制是隋唐时代创立和发展成熟的选官制度，不看出身、门第，通过多种科目的考试来选拔官吏，是封建时代相对比较公平的选官制度。不过，随着时间的推移，科举制也产生了很多问题，逐渐成为思想统治的工具，禁锢着当时学者的思想。

国学小百科

科举制经过隋朝的发展，到唐代基本成型，形成了固定的考试科目，分为**常科**和**制科**。

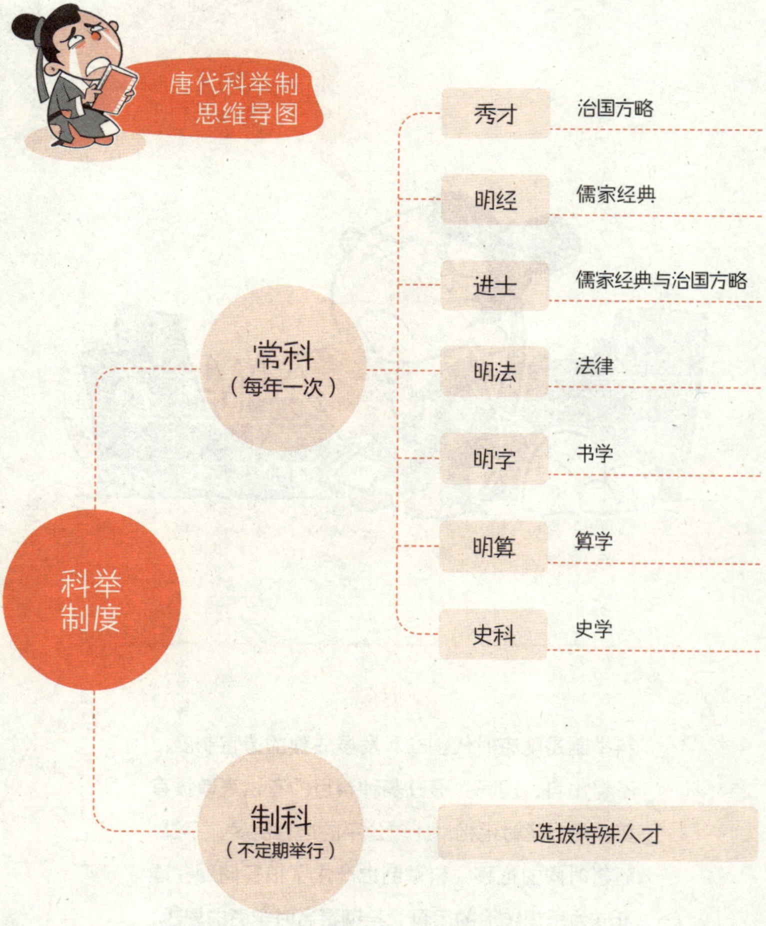

如果生活在唐代，怎样才能参加科举考试呢？

唐代的科举考试每年春天在长安举行，称为“省试”。参加省试的有两类人：生徒和乡贡。生徒就是在官办学校上学的学生，乡贡是在家自学成才或在私学中学习的人。

不过，只有通过地方考试——乡贡后，成绩第一的“解元”才能前往“省里”考试。

先别急着高兴。当时交通并不发达，如果你离省里比较远，但家庭条件还不错，那么可以选择坐一辆马车或牛车出行，还能带上仆人，照顾你的日常起居；但如果你的家庭条件比较差，就要靠两条腿走到长安了。

考试在贡院举行，考试当天，你还要带上以下物品：

木炭、干粮、笔、墨、纸、砚。

木炭是用来取暖的，因为省试时冬季刚过，运气不好还会下雪，而考场四面透风，周围还有一圈荆棘环绕。在进入考场前，还有全副武装的士兵会搜你的身，防止你携带小抄作弊。

我们以**进士科为例**，看看当时考试的情况。进士考试分三场举行，每场一天，一场不过关就会被直接赶出考场。

第一场考杂文，你要作一首诗。唐玄宗之后，这是必考项目，而且难度很大，这一场落第的人很多。

第二场是经学考试，考查学生对儒家经典的掌握和理解，当然，一个字也不能错。

第三场是策论，就是考生对政治和时事的看法。

三场全部考完之后，
就可以回住所等待了。

等考官评完试卷，合格的试卷会被交给皇帝，这些考生也会被安排进宫殿接受皇帝的考试，这一场叫作“**殿试**”，皇帝亲自选拔的考生就会成为“**天子门生**”，称为“**及第**”，也就是所谓的“**金榜题名**”。

殿试

国学小百科

殿试也叫“廷试”“廷对”等，由武则天在洛阳创办。第一次殿试时，考生有上万人，连续考了好几天。殿试并不淘汰考生，只要能参加殿试，就代表你已经被录取了，只是由皇帝给你排一个名次而已。从唐代开始，殿试制度一直延续到清代。

第一名叫**状元**，第二名叫**榜眼**，第三名叫**探花**。如果乡试、省试和殿试全都是第一名，这叫“**连中三元**”。整个唐代，连中三元的只有两人：**张又新**和**崔元翰**。

放榜之后，朝廷会举办丰富的庆祝活动，及第的学子们还会穿上华服，戴上红花，骑上骏马，在锣鼓声、鞭炮声和围观者艳羡的目光中游长安，“**春风得意马蹄疾，一日看尽长安花**”描写的就是这种盛况。

之后，朝廷还会给你安排盛大的闻喜宴，皇帝和官员们都会到场，对你表示热烈的祝贺。

在唐代，进士的录取率只有百分之一，所以，*进士及第就等于拿到了一张官场通行证*。

如果你不喜欢学习，也不会写诗，但是武艺很好，唐代还有专门的武举可以选择。

武举的考试科目有*马射、步射、平射、马枪、负重、摔跤等*，是为选拔武将准备的考试，虽然地位不如文科举，但也是一条很好的出路。

*科举制唯一的目的就是选拔官员，有很强的功利性，对学校教育产生了很大的影响。*在日常教育中，所有学校都把通过科举考试作为唯一的目的，使教育成为科举的附庸，产生了消极影响。作为一个现代人，我们应该明白，*学习的目的*不是为了追求物质财富和地位，而是为了增长知识，明白道理，*做一个全面发展的人*。

第五章

宋元明清

第十五节 糊名誊录

——“进化”的科举制度

960 年，宋太祖赵匡胤在陈桥发动兵变，建立了***宋朝***。

宋朝建立之后，宋太祖认为，军人掌握权力对国家统一的威胁很大，于是决定“***兴文教，抑武事***”，重用文人，提高知识分子的地位。这种政策贯彻了整个宋朝，所以，宋代也被称为“***文人的天堂***”。

为了培养更多的人才，宋代统治者大力兴办学校，不仅在中央开办了*太学*，聘请当时有名的大儒作为老师，还在太学之外开办了*辟雍*，就像现在的附属学校一样，被称为“*外学*”。全盛时期，光外学的学生就超过了 3000 人。

此外，所有的州、县都设有学校，每所学校由国家配备两名老师。而且，**县学**的学生只要成绩好，就可以升到**州学**继续深造，州学的学生通过考试也可以升入**太学**。**三级学校连在一起，这也是宋代的创新。**

所以，即使你现在只能上县学也不用担心，只要努力学习，就有机会考入太学。

宋朝还设置了很多专科学校，教授医学、算学、书法、绘画和武学。

宋代著名***科学家沈括***就是很好的榜样。他一生都致力于科学研究，在磁学、光学和数学方面都取得了很大的成就，被誉为“***中国整部科学史中最卓越的人物***”。***《梦溪笔谈》***是沈括的代表作，里面详细地记载了很多科学发现。

如果说诗是唐代的文化标签，**词**就是**宋代**文学最耀眼的明珠。所以，在宋代，会写词也是一项重要的本领。

宋词对押韵也有严格的要求，必须按照词牌创作。宋词可以作曲演唱，曲子都有一定的**旋律和节奏**，词牌严格规定词的**句数**、每句的**字数**和**格律**，写词的人必须严格遵守，把字按照**韵脚**填进去，所以，写词实际上是填词。

宋代涌现了大量优秀的词人，甚至可以说，几乎所有的文人都会写词，仅**《全宋词》**中收录的词人就有 **1300 多人**。

宋词思维导图

- 宋词
  - 豪放派
    - 气势恢宏，风格豪放
    - 代表人物：苏轼、辛弃疾、黄庭坚
  - 婉约派
    - 宛转含蓄，婉丽柔美
    - 代表人物：晏殊、柳永、李清照

值得一提的是，宋代还开办了**小学**，招收 8 ～ 12 岁的孩童学习识字、写作和阅读。当时，小学里有接近 1000 名学生。我们现在还在诵读的**《三字经》**就是当时小学的启蒙读物。

宋朝的私学也非常发达，书院几乎遍地都是，其中比较著名的有**白鹿洞书院、嵩阳书院、岳麓书院、睢阳书院**等。

书院虽然不是官办，但是规章制度比官学还要严格。比如，白鹿洞书院就有完整的规章制度——**《白鹿洞书院学规》**，里面详细规定了学生应该遵守的礼仪规范。全盛时期，白鹿洞书院培养了上百名进士，教书的都是当时著名的大儒，教学质量一点也不比官学差。

教育的发展离不开书籍，宋代教育发达，离不开一个人的贡献，他就是***毕昇***。

毕昇是一个***雕版印刷的工匠***，在一次工作时，他突然灵机一动：只要把每个字单独刻在一块板上，印刷时只需要把这些单字按照顺序排列起来，就不用每次都雕版了！这就是“***活字印刷术***”，也是***中国的四大发明之一***。活字印刷术出现后，书籍的印刷成本大幅度下降，印刷速度大幅度提高，为教育的发展做出了巨大贡献。

雕版印刷术

国学小百科

隋唐时期，书籍都是通过雕版印刷的。印刷前要先把文字刻在木板上制成雕版，再用雕版一页一页地印。雕版印刷有两个缺点：一是刻雕版十分费时，而且不易保存；二是一种雕版只能印一种书，要印刷其他书籍，就要重新刻版，成本很高。

宋代也对科举制进行了改革，最主要的就是***糊名法***和***誊录制度***。

糊名，就是把试卷上的考生姓名用纸糊住。一开始，科考的试卷是不用糊名的，考官能够直接看到考生的姓名，这样，考官和考生之间就形成了固定的利益集团。为了解决这个问题，宋代科考就采用了糊名制。

为了防止考官通过笔迹认出考生，宋代还设置了另一项制度——***考生做完试卷之后，会有专人负责誊录，然后把誊录的试卷交给考官***。

除此之外，北宋还加强了考场的纪律。从宋太宗时期开始，考官们就会被**“锁”进贡院**，在一个月左右的时间里，他们谁都**不能离开**，也**不能接见任何客人**。

为了防止学生作弊，宋代还在考场里安排了巡考。考生们都被墙壁阻隔，称为“**号舍**”，防止交头接耳。

号舍

一旦被发现有**作弊行为**，不仅**终身禁考**，还要**戴上枷锁在贡院门口示众**，下场很惨。

可见，作弊这种行为，自古以来就是被**严格禁止**的，好好学习，注意日常积累才是最重要的。

第十六节 三个国子学

——培养外交官，波斯语也要学

宋朝之后，***元世祖***忽必烈***建立了元朝***，中国第一个由少数民族建立的***大一统王朝***。

由于民族构成比较复杂，元朝在中央开办了三种学校：***国子学***、***蒙古国子学***和***回回（波斯文）国子学***。

国学小百科

色目人

色目人是元代对除蒙古以外的西北各族、西域以至欧洲各族人的统称。

元朝的国子学里除了有博士，还有协助博士教学，并负训导之责的学正，以及***负责学生饮食的典给***。

元代的***国子学***名额很有限，只对***七品以上官员***的子女开放，如果你的学习成绩比较优秀，想进入国子学，必须有***三品以上的官员保举***。而且，进入学校之后，你只能做***陪堂生***，在一旁听课。陪堂生的名额还只有 20 名。

元代把国子学分为**六个斋舍**，学生按照成绩被分到不同的斋舍学习，下一级的斋舍通过考试之后，可以进入上级斋舍，就像从普通班进入重点班一样。

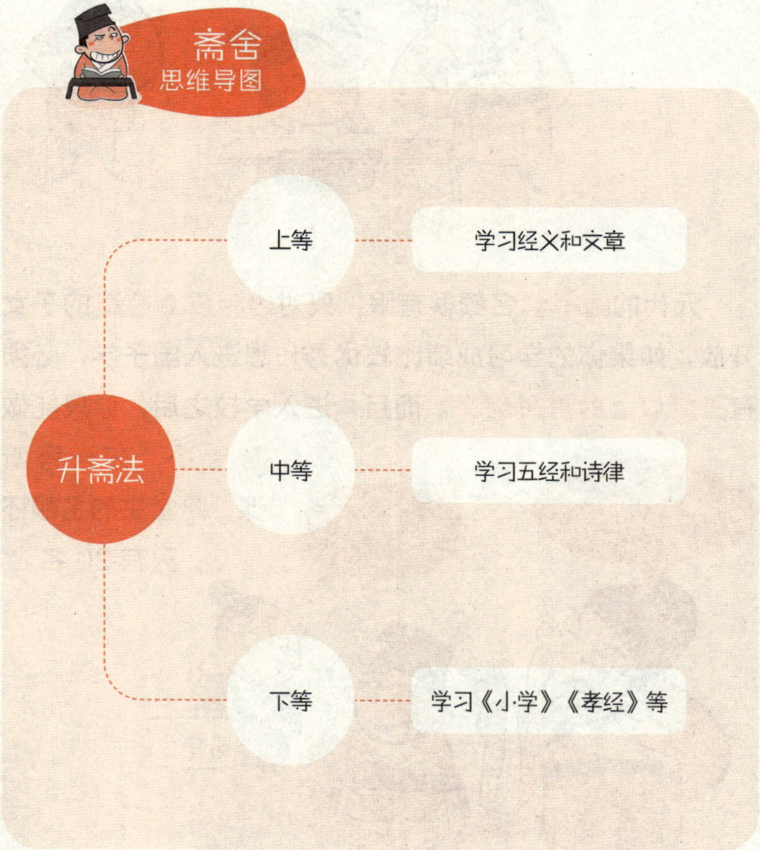

元代的国子学已经开始实行积分教学了，就像现在的学分一样。考试合格的人可以按成绩的优劣获取不同的积分，按照积分来评定最终成绩。

如果违反学校规则，***第一次会被扣除一分，第二次扣两分，第三次就会被直接开除了***。所以，在国子学，学分是最重要的。

蒙古国子学是专门学习蒙古文化的地方，主要招收蒙古族的学生，其他民族的学生只招收少量。老师的设置和国子学一样，教材是蒙古文写的***《通鉴节要》***。

国学小百科

《资治通鉴》

《通鉴节要》是《资治通鉴》的缩写版。《资治通鉴》是由北宋史学家司马光主编的一套史书，全书共294卷，约300万字。这本书记载了从周威烈王二十三年（公元前403年）到后周显德六年（959年）的历史，目的是通过对历史的记载来警示后人。

回回国子学是专门学习波斯文的学校，只招收官员和富豪家的子弟。创立这所学校的目的，***是为了培养专业的外交人员与西域各国交流，相当于现在的外交官***。

除了三所国子学，元朝还开办了*天文、算历、测验、医学、阴阳学、漏刻等专业*，都是为了培养*专门的人才*。

由于国子学门槛太高，对于普通人来说，*进入书院学习是最好的选择。*

除了书院，元朝还在农村地区开办了*社学*。根据当时的规定，每 50 家为一社，每社设立一所学校。农家子弟在农忙时劳作，农闲时进入社学学习。明、清两朝依旧沿用了“社学”制度，而且规模更大。比如，明代时，仅姑苏一座城市就有社学 730 所。

在社学中，你会先学习*《三字经》《千字文》*等启蒙读物，等掌握基本的知识后，再学*经学、史学、算学*，老师还会教你基本的礼仪。

第十七节 文化专制
——答题一定要用八股

元代之后，明太祖***朱元璋***创立了***明朝***。

明朝很大程度上继承了元朝的教育制度，开办了很多学校，而且规模更大，学生的福利更好。比如，***国子监不仅管吃管住，每年还会发放衣服、鞋、帽、布匹和丝绸，到过节时，学校还会发赏钱。***

明代国子监还创立了**“历事”制度**，就像现在的实习一样。学生在学满一定的年限后，会被派到各个部门提前熟悉公务，有的还会被派到田间地头。

实习结束后，老师会根据他们的表现分出**上、中、下三等，上等和中等的都可以做官，下等的就要回去重新读书了。**

不过，明代的文化专制非常严重，为了加强思想控制，明代皇帝**推崇程朱理学**，甚至删去了《孟子》中“民贵君轻”等不利于专制的内容。

国学小百科

程朱理学

程朱理学也叫“程朱道学”，宋代程颢与程颐兄弟创立，到朱熹时完成。理学讲“存天理，去人欲”，天理是自然和人类社会的根本法则，表现在人间就是“三纲五常”，人的欲望超出了封建礼仪，就是和天理相对，必须禁止。“三纲”指的是臣子要服从君主，儿子要服从父亲，妻子要服从丈夫；“五常”指的是仁、义、礼、智、信。

明代的国子监制定了十分严格的学生守则。比如**不能议论他人**，各学堂之间的学生**不能随意结交**，**不得顶撞老师**，**严禁讨论时政**。为了加强对学生的管理，国子监还专门设立了“**绳愆（qiān）厅**”，犯错的学生都会被记录在一个小本子上，统一处理。违反规定的学生下场非常凄惨。

此外，
当时的社学也有着严格的规则。

当时的法律规定，8 岁以上的儿童必须送入社学，违反规定就会惩罚儿童的父亲或兄长。学习时，**书必须离身体三寸（10 厘米左右）远**，**不能在书上乱写乱画**，放学后，要**把桌椅擦干净才能离开**。

明朝之后，皇太极建立了**中国最后一个封建王朝——清朝**。清代基本继承了明代的教育制度。不过，由于清代的统治者是满族人，所以还**开办了专门教育旗人的宗学、专门教育觉罗氏子弟的觉罗学等**。这两所学校中的学生除了要学习满文和汉文，还要学习骑射。

注：清代皇室是爱新觉罗氏，觉罗氏是和皇室有血缘关系的宗室。

与明代相比，清朝的文化专制更加严重，除了推崇程朱理学，还发起“**文字狱**”，很多人都因言获罪。比如，有一位叫**黄培**的文人，仅仅因为写了**“更无日月照山东”**等诗句就被认定为**造反而遭到杀害**。

国学小百科

文字狱

文字狱，《汉语大词典》定义为“旧时谓统治者为迫害知识分子，故意从其著作中摘取字句，罗织成罪”；《中国大百科全书》则定义为“明清时因文字犯禁或借文字罗织罪名清除异己而设置的刑狱”。

在程朱理学的影响下，明、清两代的科举考试都采用了“**八股文**”的方式。

国学小百科

八股文

八股文有固定的格式，由破题、承题、起讲、入手、起股、中股、后股、束股八部分组成，考生必须模仿孔子和孟子的语气作答，不能自由发挥，就连句子的长短、声调的高低也有限制，写作难度非常高。

明清科举考试思维导图

在明清时期，想要金榜题名，你一共需要参加**四次**考试：

明清科举

- 童试 —— 县、府、院三级考试 —— 秀才
- 乡试 —— 各省省城 —— 举人（获得做官资格）
- 会试 —— 京城 —— 贡士
- 殿试 —— 皇宫 —— 进士

明清时期，读书人想出人头地，只有科举一条路可以选，很多人从少年一直读到白头，依然无法通过乡试，加上考试的内容有严格限制，***科举制逐渐成为禁锢人们思想的毒瘤。***

清朝末年，在洋务运动的大潮中，各地纷纷开始兴办***新式学堂***，实行了 1000 多年的***科举制度被废除***，学校教育终于摆脱了科举制度的枷锁，进入新的阶段。

书舍一班

人之初～，性本善～

孩子一看就停不下来的趣味历史

饮食篇

爆笑漫画
古人生活

王阳·著
龙小爹·绘

湘潭大学出版社
XIANGTAN UNIVERSITY PRESS

前言

preface

这是一套写给孩子的趣味历史启蒙读物。不要担心，它并不是冷冰冰、枯燥乏味的书籍。历史不仅仅是由伟大人物和重大事件构成的，很多生活中的微小细节背后，都蕴含着厚重的历史。

好奇是孩子的天性，当他们拿起筷子吃饭时，坐上公交车外出时，拿起铅笔写字时，兴高采烈地迎接新年时，一定问过这些物品或节日的来历吧！

筷子在中国至少有3000多年历史，它看似普通，却被赋予了很多文化内涵：筷子有两只，代表阴阳合一；前圆后方，代表当时天圆地方的宇宙观；拿筷子时，拇指、食指在上，无名指、小指在下，中指在中，代表天、地、人三才……

这些我们成年人早已经习以为常的东西，却能带给孩子最好的启蒙。本丛书包括《节日篇》《饮食篇》《求学篇》《出游篇》四册，从诸多细节处入手，沿着原始社会到清朝末年的时间线，全面介绍中国古代的传统节日、饮食、教育和交通。

孔子说：“不知礼，无以立也。”中国是礼仪之邦，日常的衣食住行中也包含着很多礼节。一个懂礼节的人，无论到哪儿都是受欢迎的。书中在介绍古人日常生活的同时，也将中华礼仪融入其中，让孩子能够真正做到“知书达礼”，这是我们最美好的愿望。

为了能让孩子更好地理解，本丛书并不是对历史机械地描述，而是结合当时的时代背景，指出某种历史现象的原因，让孩子不仅能“知其然”，还能“知其所以然”。为了避免枯燥，书中还配有大量妙趣横生的插图，希望能给小读者带来一场别开生面的“穿越之旅”。

目录

contents

第一章 先秦

第二章 秦汉

第三章 魏晋南北朝

第一章

先秦

第一节 渔猎采集

——石器时代，“吃”是一件很奢侈的事

在***长达上百万年***的时间里，我们的先祖一直处于***旧石器时代***。

在新石器时代之前，人类只能通过采集一些野外生长的植物，狩猎一些小型动物，或者吃点别的野兽吃剩下的食物来维持生命，而且还要提防自己不被猛兽当作食物吃掉。当时的人类***还没有学会用火***，就算是狩猎到一些小动物，也只能***生吃***。

至于火的来源，在我国古代神话传说中，说是***“三皇”之首的燧人氏***发明了***钻木取火***。

不过，现实中最有可能的情况是，某个原始人在偶然的情况下，***得到了被山火或闪电烧焦的动物尸体，第一次吃到烤熟的食物，觉得无比美味，***才知道了火的秘密。

根据考古学家的发现，生活在距今***70万~23万年前的“北京猿人”***已经能***使用火了***。不过，当时的人只能使用因为雷劈或其他原因产生的天然火，并想办法把火种保留下来。火使人类摆脱了茹毛饮血的境况，使得人类的***平均寿命大大提高***。

对于人类来说，学会用火，是最重大的进步之一。

国学小百科

北京人遗址

即周口店遗址，位于北京市房山区周口店镇龙骨山。70万~23万年前，那里曾经生活着一群叫作“北京人”的古人类。在这座遗址，考古学家发现了木炭、烧过的兽骨和石灰，这些都可以证明，当时的人已经懂得用火加工食物，并且已经知道如何保护火种。1987年，周口店北京猿人遗址被列入《世界遗产名录》。

进入新石器时期后，原始人制作的工具越来越精良。

原始人制作的工具有能够直接砸晕野兽的石球，能够远距离丢出去缠住野兽的腿的石索，能够模拟动物叫声并吸引它们的骨哨，以及射杀野兽的长矛和弓箭，用动物骨头磨制成的鱼叉、鱼镖和鱼钩，用绳子结成的渔网……

这些工具大大***提升了渔猎的效率***，使***富含蛋白质的肉类成了餐桌上的常客***。

到了新石器时期，人类已经学会了钻木取火。熟练地生火之后，他们***对食物的加工、烹饪方式也丰富了很多***。

把猎物带回部落之后，会有***专门的人负责宰杀***。***野兽的皮毛可以做衣服和鞋子***，***骨头可以用来制作成工具***，这些都是十分宝贵的资源，不能丢弃。

至于烹饪，一开始，人们只是简单地把食物放在火中烧，不过，这种方式很容易把食物烤糊。

后来，烹饪的方式逐渐丰富起来，人们逐渐发明了**炮**、**石烙**、**石烹**等方法。

炮就是烤，方式有三种，第一种是把食物直接放在火堆旁边烤；第二种是用泥土把食物包起来烤；第三种是把食物插在棍子上，悬挂在火堆上面烤。

石烙类似现代的铁板烧，就是把食物放在扁平的石板上加热。

石烹类似现代的煮。不过，当时还没有锅，只能在地上挖个坑，把食物放在坑里，加入水再把烧红的石头反复扔进坑里，直到把食物煮熟。

再后来，人们逐渐发现，火除了可以把食物煮熟，还能把“泥土”烧硬，***烧出陶器***。

有了陶器之后，无论是烹饪还是吃饭、喝水，都比原来方便多了。***《礼记》***中说，太古时期的人在喝水时，要在地上挖个坑，用手捧着来喝。发明陶器的最初目的难以考证，但不可否认的是，陶器很快就***成了人们的炊具和食具***。至于筷子，当时还没有出现，只能用手抓着吃。

在新石器时代，**人类通过改造工具，大大提高了狩猎效率，也丰富了烹饪食物的方式，**日子越过越好……

陶器

陶器是一种用黏土、陶土等材料经塑造成形后烧制而成的器具。陶器是新石器时期人类重要的成就之一。从河北省阳原县河泥湾发现的石器时代遗址来看，早在1.17万年前，我们的祖先就掌握了烧制陶器的技术。新石器时期的陶器风格比较粗犷，颜色有灰、红、白、褐、黑等。陶器种类包括贮水用的罐、壶，煮饭的鼎，吃饭的碗、钵、盆等，这些都是生活中必不可少的工具。

国学小百科

第二节 五谷和五畜

——农业和畜牧业的起源

俗话说，**“民以食为天”**，中国自古以来就以**“五谷”作为粮食的代称**。所谓“五谷”，就是**稻、黍、稷、麦、菽**。在神话传说中，**“五谷”是神农氏教人类种植的。**

国学小百科

神农氏

传说神农氏是上古时期姜姓部落的首领，人们都尊称他为“炎帝”。在神农氏时代，部落人口越来越多，单纯靠渔猎和采集根本无法满足人们的需要。于是，神农氏就创造了耒（lěi）耜（sì），并教会人们种植五谷，成为我国农业的创始人。

其实，农业可以看作原始采集的副产品。在原始部族中，***男性负责狩猎，女性负责采集***。在采集过程中，女性成员***逐渐掌握了植物从自播，到发芽、开花、结果的过程***，于是好奇地进行模拟播种。就这样，***原始农业登上了历史舞台。***

五谷的起源十分复杂，发源地也并不统一，这些粮食作物到底是什么时候开始被人们播种，什么时候开始被人们端上餐桌，还是看看考古学家们是怎么说的吧。

稷是***起源于中国的古老的粮食作物之一***，关于稷到底是什么作物，历来说法不一：***一说是谷子，一说是高粱，一说是不黏的黍。***

早在7000多年前，我们的先祖就已经开始种植稷了。到**殷周时期**，**稷已经成为人们食用的主要作物**。一直到汉代，稷的地位才有所下降。

国学小百科

稷

成语“江山社稷”中的“稷”说的就是这种谷物。周人的祖先原名弃，传说是其母亲踩了巨人的脚印后生下的。弃天生就会种植麻、菽等作物，成人之后，又把稷的种植技术传授给族人，被尊称谷神，也就是后来所说的后稷。

黍也叫“黍子”，就是黄米，蒸熟后吃起来黏黏的。

关于黍的起源，有的考古学家认为起源于印度，有的认为起源于中国，有的认为起源于中亚及地中海沿岸。不过，可以肯定的是，在新石器时期，中国已经开始种植这种作物了。

对于古人来说，***黍和稷都是主要的食物，黍的口感比稷要好不少。***不过，黍的产量低，所以价格比稷贵。黍除了可以食用，还可以用来***酿酒。***

对于生活在*黄河流域的古人*来说，***稷和黍是两种最为重要的作物***。不过，对于生活在长江流域的古人来说，***稻才是餐桌上必不可少的主食。***

早在 *12000 多年前*，中国的*江西和湖南*等地，就已经出现了种植水稻的原始农业。经过漫长的历史发展，***到商周时期，水稻的种植地区已经扩大到江淮地区。***

不过，***对于当时的北方人来说，稻还是难得的珍贵美食，只有贵族才能享用，周代甚至有专门装稻米的容器——簠（fǔ）。***

小麦是现代最常见的主食之一。中国有***超过 4000 年的小麦种植历史***。不过，和稷、黍、稻比起来，***小麦的种植范围十分有限***。一方面，当时还没有培育出优良的小麦品种，***产量比较低***；另一方面，小麦从种植到收获的***周期比较长***。所以，即使在商周时期，小麦也不是餐桌上的主食，只有新年才能吃到。

菽就是我们今天说的大豆。在战国时期，***菽已经成为黄河流域的重要作物之一***。由于它耐干旱，生命力顽强，在一些土壤比较贫瘠的地区，深受劳动人民喜爱。

除了五谷，人们还会在田地里种植一些*蔬菜和水果*，比较常见的*蔬菜有葵、白菜、芥菜、芹菜、莲藕、韭菜等*，常见的*水果有桃、梨、李、杏、枣、梅、甜瓜等。*

国学小百科

《诗经》中的蔬菜

《诗经》中有很多关于蔬菜的记载。比如，《七月》中的“七月亨葵及菽”，葵是当时比较常见的蔬菜之一，就是我们现在说的冬葵。《谷风》中的“采葑采菲”，“葑”是我们现在所说的蔓菁，俗名“大头菜”；“菲”指的是白萝卜。

说完了主食和蔬果，咱们再来看看当时的人能吃到些什么肉。

中国古代常用***“五畜”***来代指***畜牧业***，“五畜”就是***牛、羊、鸡、犬、豕（猪）***。原始人在长期的狩猎过程中，随着狩猎技术的提高，收获的猎物越来越多。于是，他们就把***吃不完的动物圈养起来***。

然而，在饲养过程中，人们发现，***有的动物容易被驯养，而且可以顺利地繁衍后代，***有的却很难驯养。久而久之，人们便固定了几种特定的动物来驯养。

猪是我们祖先最早驯养的动物之一，早在 10000 多年前，猪就已经进入人们的“后院”，猪肉也被人们端上了餐桌。人们之所以最早驯养猪，是***因为它不用放牧，对食物也不挑剔，农作物、剩菜剩饭等都吃***。而且，***猪生长速度快，繁殖能力强，***备受人们青睐。殷商时期，很多人家里都会养上一头猪，作为***祭祀时宰杀的祭品***。

牛的驯化和猪几乎在同一时期。不过，新石器时代的人驯化牛并不是为了耕地，而是为了吃肉。

不过，到了殷商时期，**牛**成为一种十分重要的牺牲。

因为没有用于耕地，***商朝的牛只是一种比较昂贵的食物。***到***周朝时，牛的地位进一步提高。***虽然没有明确规定普通人不能吃牛肉，但是，那昂贵的价格足以令百姓们望而却步，就连贵族要吃牛肉，也要由专门掌管公牛的官员——***牛人分配。***

到战国时期，***随着铁犁的出现，牛才被用于农业生产。***

牺牲

国学小百科

牺牲在古代指的是为祭祀而宰杀的牲畜，现在指的是为正义的目的献出自己的生命。商朝规格比较大的祭祀中，一次要用掉三四百头牛，比猪和羊的数量要多得多。在用作牺牲时，猪、牛、羊合称“三牲”。在祭祀典礼中，三牲齐备是最隆重的，叫作“太牢”，如果少了牛，就只能叫“少牢”。

羊的饲养历史比牛和猪都要晚，***大概在4000多年前，羊才成为家畜。***由于羊需要大片草地放牧，产量也比较低，所以，在商周时期，***羊肉主要用作牺牲和招待贵宾，不是一般百姓能吃的。***在古代，***“羊”与“祥”相通，“祥”也可写作“吉羊”，代表吉祥如意。***不仅如此，羊还被认为是一种***“知礼”***的动物，是***美和善的象征***。《春秋繁露》中说，小羊羔在吃奶时，总是跪在地上的。

鸡和狗也是新石器时代常见的家畜，饲养历史都有 8000 年左右。不过，从商周时期一直到战国时期，狗除了打猎，都被人们作为食物吃了。当时食狗的风气十分盛行，还出现了专门屠狗卖肉的人，就连贵族聚会时，狗肉也经常出现在餐桌上。

至于鸡，除了可以当作食物，***公鸡可以打鸣，母鸡能下蛋，几乎家家户户都养。***

无论是五谷还是五畜，都**代表着人类终于摆脱了狩猎和采集的原始生活，有了稳定的食物来源，是人类历史上的重大革命。**

第三节 割烹煎调
——食物的烹饪方法

在*新石器时代*，农业和畜牧业为人类提供了丰富而稳定的食材，人们再也不用漫山遍野的出去采集和打猎了，也终于有时间研究*食物的加工方法*了。

从 6000 多年前一直到*商周时期*，都没有像现代这样将谷物去壳。人们的食用方法非常简单：*直接把谷物放在水里煮熟后食用。*

后来，北方人有了加工谷物的工具——*碾盘和碾棒*。地里的庄稼成熟收获之后，*人们会把谷物放在碾盘上，用碾棒碾成碎粒，然后煮着或蒸着吃。*不过，这种加工方式费时费力，所以加工后的谷物价格昂贵，只有贵族才吃得起。普通人仍然是把谷物直接煮着吃。

想吃顿饭真
不容易！
加油，再使点劲儿，这
样是碾不碎的。

在以大米为主食的南方，木杵是最早的谷物加工工具。一开始，人们要先在地上挖个洞，把收获的稻谷放进去，再用一根粗壮的树枝来回捣，直到稻谷脱壳为止。

不过，这样的方法会使米粒和土混在一起，把米和土分开也是一项很复杂的工作。后来，人们发明了石臼和陶臼，这样拣出来就省去了一个大麻烦。

到***周朝***时，***石磨开始出现在人们的视野中。***当时人们称***石磨为“硙（wèi）”***，传说是***公输班（鲁班）***发明的。***春秋时期***，***畜力和水力已经开始代替人力***，用于谷物的加工了。

粥

国学小百科

谷物除了蒸着吃，还可以用来煮粥。粥在我国至少有 5000 年历史。《周书》中就曾经记载："黄帝始烹谷为粥。"，意思是黄帝开始把谷物放在水中煮成粥，这可能是关于粥的最早记载。

做饭离不开***调料***，***酸、甜、苦、辣、咸是最基本的五味***。其中，***盐是最主要的咸味来源***，是***生活必需品***，除了可以用来烧菜，还能用来***腌制咸菜和腊肉***，是一种保存食物的重要调料。

在中国，食盐最早出现于炎帝时期，传说当时是***宿沙氏***发明了***用海水煮盐***的方法。到***春秋战国时期***，就已经分有***海盐、井盐和池盐了***。

最早的甜味来源于蜂蜜。不过，在没有养蜂产业的时代，蜂蜜的价格十分昂贵，不是普通人可以随意吃到的。**中国是世界上最早掌握制糖方法的国家之一**。早在**西周时期**，人们发明了一种叫**“饴”的糖**，也就是我们现在所说的**麦芽糖**。不过，当时的“饴”很贵，直到战国时期才进入千家万户。

而**酸味最早来源于梅子**。在商周时期，人们还把青梅做成浆，用来为食物调味。不过，周朝时就已经有了醋，当时的**醋叫作“酢（cù）”**。周王室还有**专门管理酢的官员**，叫作“**醯（xī）人**”，醋在当时是地地道道的“奢侈品”。

我们现在最熟悉的辣味来源是辣椒。不过，这种作物直到明朝才传入中国，***胡椒也是唐朝才传入的。***在这之前，辣味的主要来源是***姜、蒜、葱、花椒等***带有辛辣味的食品。

至于苦味，主要来源于***苦瓜（明代传入我国）、杏仁、莲子、药材等***，古代和现代一样，苦味很难受到人们的欢迎。

在制作菜肴方面，***商朝之前，主要是水煮或凉拌。***商朝之后，随着调味品的丰富，菜肴的品类也有了很大的发展。***《诗经》中还提到了腌渍菜，这是泡菜的原形。《信南山》***中说：“***中田有庐，疆场有瓜，是剥是菹（zū）。***”这里的***“庐”和“瓜”是蔬菜，“剥”和“菹”是用盐腌渍***的意思，这样做是为了方便保存。这句话说明，至少在 3000 年前，我国就已经开始制作腌菜了。而且，到周代，菜品已经十分丰富了。

周代烹饪方式

国学小百科

周朝的“八珍”，标志着古代烹饪技术的成熟。这些烹饪方式十分复杂，我们只以其中的“炮豚”为例。做这道菜时，要先把小猪清洗干净，里面填上枣，包上湿泥烤干后，还要炸、炖，再放上各种调料，才能端上餐桌。光是炖就要持续三天三夜。

商周时期，随着青铜器的出现，蒸煮的器具更加丰富了。不过，当时的青铜器十分珍贵，只有贵族才用得上。

鼎是青铜器中最常见的烹饪工具，一般用来煮肉或贮藏肉类，有三足的圆鼎和四足的方鼎两类，只有王室和贵族可以使用。而且，级别不同，能使用的鼎的数量也各有不同，只有天子才能使用九鼎。

国学小百科

鼎

鼎是最能代表中国青铜文化的器具，也是国家权力的象征。《史记·封禅书》中记载，夏朝的第一位君王禹把天下分为九州，后用九州贡献的青铜，铸造了九尊大鼎，用来象征天下。周朝衰亡之后，九鼎便下落不明了。

鬲（lì）是另一种常见的蒸煮食物的炊具，样子和圆鼎很像，也有三个足。不过，比起鼎来，鬲的“肚子”更大，“腿”更短、更粗，看起来就像个胖娃娃一样。

鬲

甗（yǎn）是当时用来蒸食物的炊具，由两个部分组成。上面是放置食物的甑（zèng），下面是鬲，中间用箅（bì）子隔开，箅子有孔，蒸汽能够顺利通过，蒸熟甑中的食物。

甗

早在周朝，中国就出现了最早的“冰箱”。《周礼》中说，十二月时命人把冰块藏进冰窖，到来年春季的时候，就要开始检查盛冰的冰鉴。这里的冰鉴是一种用来储存食物和酒的青铜器，也叫“铜鉴缶”，由两个部分组成，外面的叫“鉴”，鉴里放着尊缶，鉴和尊缶之间有较大的空隙。夏天可以在空隙里放上冰块，然后把肉放在尊缶中可以保鲜，把酒放在里面还能喝到“冷饮”。

除此之外，**青铜器还有盨（xǔ）、敦、斝（jiǎ）、觚、兕觥（sì gōng）、尊、罍（léi）等几十个类型。**由于数量太多，用途不同于炊具，我们就不一一介绍了。

饭做好了，接下来就要用到餐具了。**商周时期**，碗和筷子已经十分流行了。当时大多用瓷碗，无论贵族还是百姓都可以使用。**当时的碗和现在的造型基本一样。**

春秋战国时期的瓷碗

有了碗，还需要筷子和餐叉等辅助工具。其实，***早在4000多年前，中国人就开始使用餐叉吃饭了，我国西北齐家文化遗址中就出土了一套骨制餐叉和餐刀。***

筷子起源于中国，是华夏饮食的代表，也是世界上历史最悠久的餐具之一。早在 3000 多年前的商朝，中国人就已经开始使用筷子了。河南省安阳市殷墟中，就出土过一双铜筷子。《韩非子》中也说，纣王吃饭时，使用象牙筷。**先秦时期**，筷子被称为**"梜（jiā）"**，**汉朝**时称为**"箸"**，**明朝**开始称**"筷"**。

筷子

国学小百科

除了夹菜，筷子还被赋予了很多文化内涵：一双筷子有两支，代表阴阳合一；前端圆，后端方，代表天圆地方；拿筷子时，拇指、食指在上，无名指、小指在下，中指在中，代表天、地、人三才。后来，随着中外交流的增强，筷子逐渐传入朝鲜、日本、越南等国，成为中华文明的一个符号。

中国是礼仪之邦，餐桌上也讲究礼仪。***早在周朝，中国就已经形成了一整套完整的餐桌礼仪。***

最基本的，要做到***长幼有序，不争不抢。***各类餐具的使用，也有严格的标准。比如，《礼记》中就说，只有在羹中有菜时，才能用“梜”去夹，否则就不能使用。

商周时期，这些礼仪被固定下来，集中反映在青铜礼器上。当时的青铜礼器主要包括三种：***炊器、食器和酒器。***

现代中国人在吃饭时，都是坐在一起，一起用筷子夹桌上的菜，十分热闹。不过，从商周时期一直到唐朝，中国一直都是分食制：***每人一个碗，一份饭，一双“梜”，一把餐叉，自己吃自己的。***

这是因为，当时的人都是席地而坐，还没有桌椅板凳这些现代家具，再加上当时的房屋比较矮，没有办法坐在一起吃饭。

不过，从卫生的角度来看，***这种方式反而可以有效避免唾液传播细菌，这也是现代提倡使用公筷的原因之一。***

在入座时，要坐得比长者靠后一些，以*表示谦恭*；有贵客到场时，要起立欢迎；食物端上来时也要起立，对主人*表示感谢*；在用餐之前，还要行祭，对发明饮食的先人*表示感恩*；用餐时，要坐得尽量靠近食案一些，防止食物掉在地上；吃饭时不能说话，这叫“食不言”，当然，用筷子敲碗更是坚决不允许的；吃完之后，还要收拾好自己的餐具，并再次对主人或做饭的人表示感谢。

总之，早在先秦时期，中国的饮食文化就已经极其丰富了，不仅食物的种类花样繁多，还发展出了很多独特的烹饪方式和礼仪传统，***这些都为后世饮食的发展奠定了良好的基础。***

第二章

秦汉

第四节 蒸饼与汤饼

——丰富多彩的食物种类

秦汉是中国饮食的大发展时期。汉朝建立之后，汉初统治者采用**“休养生息”**政策，使得经济发展了起来，**国家稳定，给饮食的发展提供了良好的基础。**

汉朝粮食产量的提高，得益于耕作技术和生产工具的改进。汉朝之前，牛耕和铁制农具已经出现，不过应用并不广泛。到汉朝，耕牛已经基本代替人力，铁制农具也进入了千家万户。而且，一些地区还出现了**“二牛抬杠”**的耕作方法，**更多荒地被开垦成耕地，粮食的种植面积大大提高。**此外，汉朝的种植技术也有很大的进步，**“代田法”**的应用，**使得粮食产量大大增加。**

国学小百科

代田法

“代田法”是西汉农学家赵过发明的耕田技术，具体方法是：在地里开沟作垄，在沟里种植作物，等到作物开始生长，需要除草时，就把垄上的土推进沟里。第二年沟垄互换，这样能够保持土地的肥力。

两汉时期，北方的主食仍然以五谷为主，尤其是***粟米***，当时人们口中所说的***"粮食"***，指的就是它，就连官员的工资都是用粮食来相抵的。

汉朝，人们已经掌握了把小麦磨成面粉的技术。不过，由于费时费力，普通人家日常所吃的主食仍然以***麦饭为主***，原料就是脱壳的小麦。***为了方便保存***，人们还经常把***麦饭晾干，做成干饭。***出远门或者行军打仗时，干饭就是最重要的食物。

至于贵族餐桌上的主食，一般以面食为主。汉朝面食的种类十分丰富，共三大类：***汤饼、蒸饼和胡饼。***

汤饼是一种用水煮成的面食，一开始是皇帝和贵族们的日常饮食，汉代皇宫还有专门管理皇帝饼食的“汤官”。在皇帝的影响下，汤饼很快在民间流行起来，尤其是***关中地区***，卖汤饼的小店非常多，随时随地都能吃到一碗热腾腾的汤饼。

汤饼一共有三种：***煮饼、水溲饼和水引饼。***煮饼是用没有发酵的面煮成的，和现在陕西的羊肉泡馍很像。煮饼的调料以辛辣调料为主，在寒冷的冬天吃上一碗，浑身立刻暖洋洋的，十分舒坦。

水溲饼也是用没有发酵的面制成的，做法和现代的面片类似。因为都是用没有发酵的面做成的，所以，水溲饼和煮饼都不好消化。

水引饼和现代的扯面类似，当时还有在孟冬（冬季第一个月）祭祀时吃水引饼的习俗。制作水引饼时，还可以加入鸡肉等各种佐料，像现在的鸡汤面一样，味道十分鲜美。

蒸饼的做法和煮饼不同，汉朝人已经掌握了发酵工艺。制作蒸饼时，先把面粉加水和成面团，发酵之后制成饼状，里面再包上各种馅料。

胡饼是从西域传入中原的，和汤饼不同的是，它是放在炉子里烤出来的，吃起来香脆可口，和现代的烧饼类似。

对于**汉朝**的北方人来说，**稻米**是难得的美味。不过，对于南方人来说，稻米只是日常的主食。汉朝统治者非常重视稻米的种植，甚至把**稻米产量列入官员的考核标准**，史书中到处都能找到称赞地方长官开垦稻田的记录。所以，到东汉末年，出现了一年两熟的优质品种。

汉朝的舂米技术也有了很大的发展，**舂臼**是当时稻谷脱壳的主要工具。汉朝还出现了一种**水碓（duì）**，用水流的力量带动轮轴，代替人力，可以昼夜不停地舂米。

水碓舂米图

主食花样翻新，饮食器具自然也不能落后。我们先从做饭的炊具说起。做饭离不开灶，汉代中原地区的灶一般都是长方形，叫作“***方头灶***”；关中地区的是圆形，叫作“***圆头灶***”。前面是用来加柴的火门，后面是烟囱，现在很多农村地区还有这种土灶。***汉朝的灶一般有两个或两个以上灶眼，这是为了能将蒸、煮两种活动同时进行。***

用灶做饭，自然少不了**柴**。不过，柴的数量不多，价格也比较贵，一般人家都是用***麦秆混着柴使用***，至于煤炭，那是地地道道的“奢侈品”，甚至能当作礼物赠送。

釜是汉朝最常用的蒸煮食物的器具，大多数用铁制成，也有用陶或铜制成的，样子有点像现代的罐，两边有耳，方便提起。成语***“釜底抽薪”***中的“釜”说的就是这个。除了釜，蒸煮食物的器具还有***鼎、铫（diào）***等。

釜

汉朝的餐具种类也非常多，包括**案、鼎、盆、盘、碗、盒、箸、匕**等。至于饮酒、喝粥用的器具，主要是**杯、尊、钟**等。在汉朝，轻便又美观的漆器得到了大量使用。

汉代漆器

国学小百科

漆器

漆器是表面涂着一层漆的器具。早在新石器时期，就出现了用于祭祀和日常生活的漆器；到商朝，出现了雕刻十分精美的漆器；到汉朝，漆器不仅种类繁多，造型丰富，而且成了比青铜器更加贵重的器具，成为皇帝和贵族们的新宠。不过，普通百姓使用的餐具，仍然以陶碗为主。

汉朝仍然实行***“分餐制”***，席地而坐，而且，普通人一天只能吃两顿饭。***上午七点到九点这顿饭，叫作“朝食”***，一般吃得比较丰盛；***下午三点到五点这顿饭，叫作“小食”***，吃得比较随意。至于“一日三餐”，这是一种十分尊贵的待遇，只有贵族和皇帝可以享受。一日两餐的习惯，一直延续到了明清时期。对于进餐时间，***《论语》中有“不时，不食”***的说法，在不应进餐的时间用餐，被认为是一种越礼的行为。

和秦汉之前比起来，生活在汉朝是一件很幸福的事，只要没有碰到战乱或荒年，不仅能够吃饱，还能吃好。

第五节 昂贵的肉类

——想吃肉不容易

说完主食，咱们再来看看汉朝人的餐桌上都有些什么蔬菜。

如果生活在汉初，餐桌上***常见的***就只有***冬葵、莲藕、白菜、韭菜***等蔬菜。其中，***韭菜是名副其实的“大明星”***，不仅百姓爱吃，就连皇帝和贵族们也非常喜欢。官员们为了让皇帝在冬天也能吃到新鲜的韭菜，甚至建造了“温室大棚”。

汉朝蔬菜大棚

国学小百科

早在汉朝，中国就已经出现了“蔬菜大棚”。《汉书·循吏传》中记载，西汉的太官园中有一个“大棚”，冬天也能种植韭菜。为了保证温度，“大棚”里不分日夜地燃着火，好让皇帝在冬天也能吃到新鲜的韭菜。不过，没过多久，这个“大棚”就因为有官员“弹劾”而停止使用了。

汉武帝时期，***张骞奉命出使西域***，带回了很多当地的特产。

比如，***“蒲桃”（葡萄）***就是张骞从大宛国带回来的。大宛国人民喜欢用葡萄酿酒，经常把葡萄酒作为贡品献给汉朝皇帝。除此之外，***胡瓜、胡桃、胡荽、胡麻、胡萝卜、石榴等物产***，也同样来自西域。我们现在能吃到这些美食，都要感谢张骞。

蔬菜的种类虽然多，但这些也不是老百姓能经常吃到的，尤其是到了冬天，想吃上一口青菜简直比登天还难。于是，***人们便用盐把蔬菜腌制成咸菜，方便保存和食用。***

不过，当时的盐可不是轻而易举就能买到的。从汉武帝开始，汉朝实行 ***“盐铁官营”制度***，国家垄断了所有卖盐的途径，严禁私人煮盐，造成盐价大幅上涨，***很多贫民都买不起盐，只能吃“淡食”。***

盐铁官营

古代政府为了增加财政收入，对盐和铁实行垄断经营。这种制度起源于春秋时代的管仲变法。汉初统治者采取“休养生息”政策，放开了对盐、铁的垄断，使经营盐、铁的商人富可敌国。到汉武帝时期，为了筹集军费，政府重新掌握了盐、铁的经营权，导致食盐价格上涨。此后历代，盐、铁官营虽然几次中断，但仍然是由政府主导。而且官盐的价格往往十分昂贵，对百姓的生活造成了很大的困扰。

对于贵族来说，不仅吃蔬菜、吃盐很容易，吃肉也是一件很平常的事，可供选择的肉类也非常多，***天上飞的天鹅、地上跑的熊、水里游的鳜鱼等***珍禽异兽都被端上了餐桌。就算是最普通的猪肉，也要挑选出生没多久的小乳猪。

除了日常饮食，汉朝的*宫廷宴会*，在前代的基础上也已经有了很大发展。*“百节年为首”*，这是中国自古以来的传统。每到过年，汉朝的皇帝都要在宫里举办盛大的宴会，用来招待群臣。宴会规模庞大，各级官员都要参加，还要给皇帝准备礼物。根据*《后汉书》记载*，群臣在入宫给皇帝拜年时，要根据各自的品级，*送上玉璧、羔羊、大雁、野鸡等物品作为礼物。*

*参加宴会时，一定要注意礼仪。*汉朝吃饭时，仍然要保持跪坐的姿势，座位也有固定的次序，不能随便坐。在汉朝，宴席的座次以左为尊。有个成语叫*“虚左以待”*，意思就是留下左边的座位等待贵客光临。在皇家宴会上，一旦坐错席位，不仅会遭人耻笑，严重的还会惹来杀身之祸。

快起来，这个座席可不是你的！
不是你让我随便坐的吗？

不过，对于平民百姓来说，想***吃上肉，就只能等逢年过节了。***

汉朝的老百姓，可选的肉类十分有限，一般只有鸡肉和狗肉。***《盐铁论》***中说，老百姓一年到头只能过粗茶淡饭的日子，只有在***举办宴会和祭祀活动时才能吃上肉。***一头猪的价格，能抵得过一个中等家庭一年的收入。

其实，**汉朝的基层商业已经比较成熟**，有专门卖肉的屠户，人们可以背着粮食去换肉。但不是所有肉类都能买到，比如**牛肉**。

在汉朝，**牛**是非常重要的**“战略物资”**，它们除了**耕田，还要承担拉车等重任。**所以，朝廷通过立法严禁杀牛，就算是自己家的牛也不能随意宰杀，否则就要受到严厉的惩罚。

那汉朝的牛肉是从哪里来的呢？按照规定，**只有衰老和病死的牛才能杀来吃肉**，而且，在宰杀之前还要上报官府，得到官员的允许才可以。所以，古装剧里经常出现的“来两斤熟牛肉”的桥段，在汉朝是很难看到的。

牛肉是当时最昂贵的肉类之一，其次就是羊肉了。由于牛肉、羊肉太过珍贵，所以皇帝也经常把它们当作“福利”赏赐给官员。

至于肉类的烹饪手法，汉朝仍然以***煮、烤、烹、煎、熬等方式为主***。不过，汉朝也出现了一些新的烹饪方式，其中比较有名的是***“五侯鲭”***。

国学小百科

五侯鲭

五侯鲭是一道汉朝宫廷宴席中的精品，制作过程十分复杂。鲭是一种青鱼，“五侯”指的是西汉时期的王谭、王商、王立、王根、王逢五人，他们五个同日封侯，所以世称“五侯”。不过，这五个人之间矛盾很深。当时有个叫娄护的人和他们关系很好，经常到各家做客，五人都会准备佳肴招待娄护。娄护便突发奇想，集五家烹饪之长，创造了新菜“五侯鲭”。直到现在，这道菜仍然深受人们喜爱。如今我们大都知道的，甚至都吃过的全家福、烩三鲜、佛跳墙、大杂烩等，都是由“五侯鲭”世代沿袭发展演变而来。

在汉朝，当一个**“肉食者”**是一件十分困难的事。不过，好在蔬菜和主食的种类足够丰富，大多数情况下也够吃，还是可以**舒舒服服地填饱肚子的。**

第六节 丰富的豆制品

——豆子原来这么重要

汉朝人的餐桌上还离不开另外一种谷物，那就是**“菽”——大豆**。**在汉朝之前，大豆已经成为主要的粮食作物之一。**和其他作物比起来，大豆更能适应恶劣的生存环境，深受穷苦百姓的喜爱。

汉朝之前，大豆的食用方法比较简单，人们只是**把豆粒做成豆饭，把豆叶做成菜羹。**不过，到了汉代，豆制品的种类前所未有地丰富起来：**用盐腌渍大豆，可以制成豆豉，豆豉进一步加工，可以酿造酱油；用石磨可以把大豆磨成豆浆和豆酱；把大豆泡在水中，还能制作“大豆黄卷”，也就是我们现在所说的豆芽。**

汉朝发明的最重要的豆制品是豆腐。不过，这种美味也不是平民百姓能够享受的。

国学小百科

豆腐

传说豆腐是汉朝的淮南王刘安发明的。刘安是个非常喜欢热闹的人，家里经常养着上千方士。为了追求“长生不老”，这些方士每天都在家里炼药，没想到竟在无意间发明了豆腐。不过，传说终究只是传说，真正的豆腐是劳动人民在日常生活中逐渐发明的，因为刘安非常喜欢吃豆腐，就把这个功劳安在了他头上。

对于汉朝人来说，喝酒和吃饭一样重要，***酒是汉代人生活中必不可少的饮料。***

由于***汉朝人***好酒，所以当时的***酿酒业非常发达***，路边有很多贩卖酒水的小店。大的作坊每年能酿造上千瓮美酒，逢年过节时还经常出现供不应求的情况。

而皇宫之中，仅负责酿造和管理酒的人员就超过了 3000 人。酒的种类也很多，除了常见的***黍酒、米酒***，还有***在节庆时饮用的椒柏酒、桂花酒等***。还有一种用甘蔗酿成的***“金浆酒”***，是当时有名的送礼佳品。

酒

中国是酒的故乡，酒起源于远古时期，关于酒的发明者有两种说法：一说杜康，二说仪狄。仪狄是夏禹时期司掌造酒的官员，他发明美酒之后，第一时间献给禹。禹喝过之后，觉得非常美味，怕自己沉迷于酒，便逐渐疏远了仪狄，还说后世必然有因为嗜酒而亡国的君主。

国学小百科

酒的主要原料是粮食，酿的酒多了，粮食自然就少了，而大部分酒都是达官显贵喝掉了。这样就造成了很严重的社会问题：贫苦百姓穷得没有米下锅，富豪们却聚集在一起大肆饮酒。为了减少这种情况，西汉前期曾经明确规定：***禁止三人以上聚集饮酒。***

由于对美酒太过喜爱，贵族们在下葬时甚至都要备上不少酒，比如，在著名的**长沙马王堆汉墓**中，考古学家们就发现了不少美酒。

此外，汉朝人已经有了饮茶的习惯。***中国是茶的发源地，也是“茶文化”的故乡，传说茶的功效是神农氏尝百草时发现的。***

春秋时期，茶除了被当作一种蔬菜直接用水煮着吃，还被当作祭品供奉给神灵。到汉朝时，茶已经成为一种饮品，在富贵人家十分流行，而且还有诸多讲究。比如***摘下茶叶之后，先要做成饼状，在火上烘干；***煎茶之前，要准备好清洁的茶具等；***煎茶时，先把茶饼烤红，然后放在器皿里捣碎，之后放进沸水中煮，还要加上葱、姜等调料，味道十分奇特。***

除了酒和茶，汉朝还有**马酒、马奶等**各类饮料，就算是一个要求很高的“吃货”，胃口也绝对能够得到满足。

第三章

魏晋南北朝

第七节 小·麦“上位”

——更加丰富的面食种类

魏晋南北朝是中国历史的大动乱时期，但这个时期的饮食种类反而更加丰富，无论是贵族还是老百姓，餐桌上的食物都丰盛了不少。

魏晋南北朝时期，人们已经普遍使用***机械进行粮食加工了***，最典型的代表就是***连磨***和***水碾***。连磨用牛或者水流的力量牵引，使齿轮运转带动多个石磨同时工作；水碾是靠水力推动碾子来碾米。

连磨

水碾

北魏时期的**《齐民要术》**中记载了当时**用酒发酵**的技术，很符合现代科学原理。

随着石磨的推广和发酵技术的成熟，面食的种类更加丰富了。据统计，魏晋南北朝时期流行的**面点多达 50 种**，现在我们所吃的食物，大部分在当时都已经成形了。

《齐民要术》

国学小百科

《齐民要术》被誉为“五大农书”之首、“中国古代农业百科全书”。书中记载了各式各样的调味品和食物制作工艺，光食谱就有 280 种。书中最主要的烹饪方式是熬煮和烘烤。

现在我们熟知的**馒头**，传说是三国时诸葛亮发明的。不过，当时的馒头和我们现在吃的馒头可不一样。据宋朝高承《事物纪原》中说，诸葛亮出征南蛮时，有人告诉他，必须用人头祭祀，才能战胜蛮人的邪术。诸葛亮认为太过残忍，就**用面包着猪肉和牛肉，包成人头的样子用来祭祀**，后人便称其为**“蛮头”**，后来逐渐演变为**“馒头”**。可见，当时的馒头不仅个头大，里面还有丰富的馅料，和现代的肉包子类似。

直到南北朝时期，**馒头都是有馅的。当时还有在初春吃馒头的习俗，象征着一年风调雨顺。**

牢丸也是当时十分流行的面食。晋朝束皙在**《饼赋》**中详细介绍了这种美食的制作过程，十分复杂。除了馒头和牢丸，当时常见的面点还有**馄饨、煎饼、面片、胡饼等**。

而且，随着面食种类的花样翻新，饮食和节日习俗有了十分紧密的联系。比如，在**人日和天穿节**（纪念女娲补天的节日，一般在正月二十）时，家家户户都要**吃煎饼**，**寒食节**要吃**寒具**，**伏月**要吃**汤饼，**等等，都是饮食和节日习俗的融合。

魏晋南北朝时期，随着北人南迁和耕作技术的进步，南方水稻的种植面积扩大，产量提高，**稻米成为南方最常见的主食。**

稻米的烹饪方式多种多样。**铛**是一种煮饭的工具，类似于现代的锅。用铛做饭很容易糊底，铛底往往会有一层焦饭。当时，这种**铛底焦饭由于口感酥脆，便于保存，非常受人们欢迎。**

《世说新语》中有个关于焦饭的故事，非常有趣：吴郡有个叫陈遗的人，非常孝顺。母亲爱吃焦饭，他每次都把焦饭保存下来，给母亲送去。后来发生战争，他在逃亡途中也是靠这些焦饭才活下来的。

另一种烹饪米饭的工具是**甑**，和现代的蒸笼很像。

跟先秦时期不同的是，这时的甑已经进入千家万户，材质也比较多样，大多由铁制成。***用甑蒸饭时，要先在底部放一个竹箅，再把米放在竹箅上，最后放在釜上蒸。***如果不加竹箅，做出来的就是粥了。这也是当时很常见的烹饪方式。一直到现在，很多地区仍然在使用这种工具蒸饭，大一点的甑，一次能蒸出几十个人吃的米饭。

总之，对于生活在魏晋南北朝时期的人来说，虽然经常受到战争的威胁，但是，在相对稳定的年月里，***餐桌上的主食种类比以前要丰富得多，不仅能够吃饱，还能偶尔改善一下伙食，吃上一顿好的。***

第八节 胡汉融合

——更加营养的饮食结构

魏晋南北朝是中国历史的大动荡时期，也是***胡汉大交流时期***。随着民族交流的频繁，***胡汉的饮食也开始融合。***

胡人

胡人是中国古代对北方边地及西域各族人民的称呼，后来也用来泛指外国人。从东晋十六国到北朝，以匈奴、鲜卑、羯、氐、羌为代表的北方胡人陆续南下，在中原建立了前赵、后赵、前燕、前秦、后燕、北魏、东魏、北齐、北周等政权，加强了胡汉交流。同时，原本居住在中原地区的大量汉人南下，加速了南方地区的开发。

国学小百科

原本生活在东北大兴安岭一带的***鲜卑拓跋氏***，曾经世代***以畜牧和狩猎为生***，进入中原后，氏族成员逐渐成为农民，过起了***“男耕女织”***的农业生活。这种情况在各胡人政权里都十分普遍。

不过，长期的生活习惯并不是那么容易改变的，胡人喜欢***吃牛肉、羊肉***，这些对中原人来说都是昂贵的珍品。为了能够满足自己的胃，***北魏的统治者就曾经封禁大量农田，把田地变成草场，让胡人放牧。***所以，这一时期，牛羊的数量大量增加，尤其是羊肉，再也不是原来的“奢侈品”了。

随着羊肉比重的提高，原本的猪肉越来越少，成为难得的珍品。《晋书》中甚至有记载，当时但凡有人获得一头猪，都要马上献给皇帝，群臣没有一个敢吃的。

但是，即使畜牧业比原来发达得多，对于普通人来说，肉类仍然是难得的美味。

除了肉类，胡人还喜欢吃*乳制品*。在魏晋南北朝之前，汉族人基本上是不食用乳制品的。不过，随着大量少数民族进入中原，*乳酪、酥油、乳腐等*食物也逐渐成为汉族人餐桌上常见的食物，而且当时的人对乳制品的营养价值已经有了明确的认识。***胡汉交流促进了饮食文化的发展，使中华民族的饮食更加丰富了。***

国学小百科

魏晋时期引进的蔬菜

中国是世界上蔬菜种类最多的国家，有160多种。在这些蔬菜中，有超过半数都是从中原之外的地区引入的。魏晋南北朝时期，除了肉类和乳制品，很多蔬菜如油菜、黄瓜、豇豆、大蒜、香菜等也跟着胡人的脚步翻山越岭，来到中原百姓的餐桌上。

除了食物的种类，少数民族还给中原地区带来了很多不一样的饮食习惯和新的器具。魏晋南北朝之前，人们吃饭时都是在地上铺一张席子，跪坐在上面吃。这样的坐姿，时间久了难免会腿麻。

胡人的家具也传入了中原，其中最重要的就是床。当时的床和现代不同，主要有两种，***一种是床，另一种是榻。床既可以睡觉，也可以吃饭；***一开始，床、榻是只有皇帝才能享受的殊荣。比如，在宫廷宴会上，只有帝王可以坐在床上吃饭，其他人都跪坐在地上。随着时间的推移，床、榻才慢慢进入千家万户。

而榻比床短，也更窄，像现代的大沙发一样，主要用来坐或短暂的休息。

除了床和榻，胡床也是当时十分流行的**坐具**，和现代的马扎很像，可以折叠。其实，这种坐具从东汉时就已经传入中国了，只是到了魏晋南北朝时期才开始流行起来，逐渐取代席，成为主要的坐具。人们原来吃饭时的跪坐也逐渐转变为坐在胡床上。

胡床

国学小百科

马扎

马扎，也叫“马闸”“交杌”“交缠”或“交椅”，是中国传统手工艺制品。腿交叉，上面绷帆布或麻绳等，可以合拢，便于携带。

总之，魏晋南北朝时期，胡汉长期杂居，饮食习惯也相互融合，形成了丰富多彩的饮食文化。***随着乳制品和肉类的增多，人们的膳食结构也更加科学了。***

第九节 士人饮食

——活跃的美食家们

魏晋南北朝是中国贫富分化最大的时期之一，*门阀士族兴起*，贵族和官僚们的生活十分奢侈。

石崇王恺斗富

石崇王恺比富，是西晋时期的一个历史事件。晋武帝统一全国后，志满意得，完全沉湎于荒淫生活。在他带头下，大臣也争相摆阔，其中以羊琇、王恺、石崇三人之间相互攀比财富奢侈程度最令人瞠目结舌。

大臣傅咸给晋武帝上了一道奏章，说现在互相攀比的行为不但不被责罚，反而被认为是荣耀的事，这种严重的奢侈浪费，比天灾还要严重。晋武帝看了奏章，根本不予理睬，反而一面加紧搜刮，一面穷奢极侈。西晋王朝一开始就这样腐败，注定要发生大乱。

国学小百科

对于生活在高门大户里的士族来说，追求美食成为他们生活中的意向爱好。***士族的加入，促进了烹饪的发展***，出现了很多新式菜肴和美食。

比如，***五味脯***是帝王宴会的招牌菜品，也是士族用来彰显身份的美食。***这种肉脯一般在冬天制作，用牛、羊、獐、鹿、猪的肉制成，制作过程十分烦琐。***切肉时，必须顺着肉的纹理，还要把骨头捣成碎末，经过煮、泡、捏、晾等工序之后，才能放入仓库封存，等待夏天享用。除此之外，***武昌鱼、胡炮肉、跳丸炙、胡羹、豚皮饼等***都是当时极受欢迎的美味。

对于追求风雅的士族来说，仅仅用美味满足口腹之欲，当然是远远不够的。他们不光要吃，还要吃出门道，吃出学问，于是出现了很多*美食家*。

想做*美食家*，第一步是要学会品，前秦的苻坚便是其中的佼佼者。*《晋书》*中说，*苻坚*是当时远近闻名的美食家，他在吃菜时，能尝出菜里的盐纯度不够；他吃鸡时，能吃出鸡平时栖息时有一半身体露在外面；吃鹅肉时，能吃出鹅什么部位长白毛，什么部位长黑毛，简直神乎其技。

这只鸡生前
受苦了。
苻坚
这都能尝
出来？

只是会品尝还远远不够，真正的美食家，还要会自己动手做。孔子虽然说过***“君子远庖厨”***，很多士人也都以亲自下厨为耻，但是，对于真正追求美食的南齐的***宗室大臣萧晔***来说，这样的圣人教诲就只能暂时忘了。

据***《南齐书》***记载，***萧晔片烧鹅的手法十分娴熟***，在邀请同僚宴饮时，他经常亲自动手，切下的鹅肉片十分均匀。除了片鹅，萧晔做的菘菜鲍鱼也深受同僚喜爱，甚至有人称赞他的手艺已经超过了宫里的御厨。

魏晋时期美食专著

国学小百科

除了会吃、会做，想成为真正的美食家，还得会写。魏晋南北朝时期涌现了一大批美食专著，《食经》和《食珍录》都是当时的代表作。《食经》是北魏政治家崔浩的作品，书中记载了大量食物和菜品名称，大多十分华丽，比如"花折鹅糕""紫龙糕""春香泛汤"等。可惜的是，书中并没有记载对应的烹饪方法。

当然，士人的生活同样离不开美酒，***魏晋南北朝是酒文化最为盛行的时期。***一方面是因为酿酒技术进一步提高；另一方面，政局动荡，士人们怀才不遇，纷纷借酒来逃避现实。虽然统治者屡次下令禁酒，但几乎一点用处都没有。

“竹林七贤”中的***刘伶***就是当时最著名的***“酒鬼”***。他被朝廷罢官之后，不是正在和朋友们聚会喝酒，就是在去喝酒的路上。他经常坐着鹿车，手上拿着一壶酒，让仆人扛着铁锹跟着他，并告诉仆人，自己死在哪就把他埋在哪，这就是***“鹿车荷锸”***的典故。

国学小百科

魏晋风流

当时的士人认为，刘伶这种看淡生死的态度十分洒脱，纷纷效仿。刘伶的好友阮籍也一样嗜酒，俩人经常一起喝得酩酊大醉，对普通人追求的功名利禄不屑一顾。陶渊明是当时酒文化的另一个代表人物，他不愿意卑躬屈膝，辞去了朝中的官位，隐居在南山下，以诗酒为伴，“采菊东篱下，悠然见南山”是他生活的写照。士人们这种率真洒脱、淡泊名利的处事态度和纵情山水的生活方式，被后人称为“魏晋风流”。

总之，魏晋南北朝的士人们参与到饮食活动中，出现了十分丰富的饮食典籍，对**后世千年的饮食文化发展影响深远。**

第四章

隋唐

第十节 丰衣足食

——盛世唐朝的饮食

隋朝是个短暂而动荡的王朝，直到***唐朝***，中国才迎来长达两百多年的安定，百姓们也终于过上了丰衣足食的日子。

唐朝时的粮食作物，***北方仍然以粟和麦为主，南方仍然以稻米为主。***唐朝前期，麦仍然被当作杂粮；到唐朝中期，才逐渐作为主粮，可见麦当时已经相当普及了。

从麦子到面粉，要经过相当复杂的工序。**小麦**有一层**硬壳**，首先要**用碾子、杵臼等工具把硬壳脱去**；接着，通过**扬扇、簸箕筛等方式把麦粒和外壳分开**。小麦脱壳之后，还要**磨成面粉**，然后再筛出来。

面粉加工要经过这么麻烦的工序，价格自然不会低，所以，**老百姓还是没有办法每天都吃到。**

随着小麦的普及，唐朝人对面粉的需求量大大增加，很多人看到了其中的商机，开起了***磨坊***。磨坊里使用的工具主要有两种：一种是***石磨***，有畜力拉动的，也有水力驱动的；另一种叫***罗***，用来把面粉筛出来。

有了大规模生产面粉的专业磨坊，面食的产量和普及程度自然就比原来高得多了。

古代水磨

国学小百科

水磨

水磨是我国古代的一种加工谷物的工具，由装在河流里的水轮驱动。水流带动水轮，水轮再带动石磨工作，既可以用来磨面，也可以磨制米、豆等谷物。早在晋代，水磨就已经出现了，到了唐朝，水磨进一步普及，不仅政府开办了很多水磨作坊，就连长安的达官贵人也不甘人后，纷纷效仿。

唐朝的主食有***饼、粥、饭、糕等***，饼是最受欢迎的主食。唐朝的饼是一类食物的统称，种类很多，包括***煎饼、胡饼、烧饼、笼饼、蒸饼等***，甚至连馒头也被归入饼类。

唐朝的胡饼由西域传入，个头很大，类似于现在的***馕***，有的还包着羊肉，深受人们喜爱，唐文宗甚至还在立春节气用胡饼赏赐群臣。鉴真东渡日本时，带了两车干胡饼作为干粮。

饽（bì）饦（luó）也叫"毕罗"，是另一种从域外传入的美食。这是一种**带有馅料的面点**，刚传入中原时，味道辛辣，后来逐渐改良，馅料也由原来的肉变成蟹黄、鸡鸭肉等。甚至还有一种樱桃毕罗，很像现代的水果派。

这种美食在当时也很受欢迎，长安城中就有很多专门卖毕罗的商户，任何人都可以到店里一饱口福。另外，据**《太白阴经》**记载，毕罗是军队宴饮时的必备主食，一次聚会，光毕罗就吃掉 12500 枚，可见这种食物的流行程度。

唐朝人把点心称为"**果子**"。**糕**是"果子"的一类，种类很多，韦巨源在**《烧尾宴食单》**中记载了七返膏、水晶龙凤糕、玉露团等。**《清异录》**中还记载了一个"花糕员外"，因为制作的糕点精良得以入朝为官。当然，这些制作精美的点心绝不是普通人可以随意吃到的。

随着节日风俗的逐渐成形和主食品类的增加，唐朝的很多主食已经和节日形成了固定的搭配。***《唐六典》***中就有很多相关记载：***寒食节要吃麦粥，正月七日、三月三日吃煎饼，正月十五日吃膏糜，五月五日吃粽子，七月七日吃斫饼，九月九日吃糕，等等，***这些都是唐朝饮食文化的重要组成部分。

总之，***唐朝中前期，由于统治者治理有方，百姓们过了很长时间丰衣足食的日子。***不过，随着安史之乱的爆发，唐朝逐渐由盛转衰，百姓的日子也越来越难过。到唐朝末年，百姓又陷入无休无止的战乱之中。

第十一节 肉类和蔬菜

——唐朝人的“花式”吃法

隋唐时，在肉食方面，**猪肉**重新夺回了餐桌上的“统治地位”，成为**肉类的主要来源**。唐朝统治者对养猪十分重视，除了**家家户户零散养殖**，很多地方**官府**都**开办了专门的养殖机构**，规模很大，一个养猪场里往往就有 3000 头以上的猪。羊肉也是当时常见的肉类，和养猪一样，官方同样设有养羊的专门机构。

唐朝时屠牛的禁令放宽了不少，**牛肉**正式进入千家万户，被端上餐桌。

不过，牛、羊肉毕竟价格昂贵，不是老百姓能随意享用的。百姓家的餐桌上，仍然以鸡、鸭、鹅肉为主，尤其是鸡肉，最受人们喜爱。我们在唐诗中可多次看到它们的身影。比如孟浩然的**“故人具鸡黍，邀我至田家”**。

国学小百科

狗肉

唐朝人对狗肉的态度发生了翻天覆地的变化，对于大部分人来说，狗再也不是可以食用的动物了，在正式的宴饮场合中，狗肉基本不会出现。现代很多地区仍然流行一句俗语——狗肉端不上席面，就是在这时形成的观念。

唐朝的蔬菜更加丰富，常见蔬菜有 30 多种，还引进了***莴苣和菠菜***，并开始人工培育食用***菌***，出现了专门种植蔬菜的菜圃。其中，官办的菜圃主要供朝廷日常食用，只有部分私人菜圃中的蔬菜是用来买卖的。不过，这类菜圃的规模不大，能够出售的菜也不多。想吃到新鲜的蔬菜，大部分人还是要自己种植。

当时，***长安城附近有很多利用温泉和大棚种植蔬菜的菜圃***，即使在寒冷的冬天，皇室也能享用到新鲜的蔬菜。不过，对于老百姓来说，如果不在蔬菜成熟时制作成腌菜或干菜，冬天的餐桌上就只有酱和主食了。

唐朝人把腌菜称为“菹”，菹捣碎之后称为“齑（jī）”，可以和粥、羹一起食用。由于价格低廉，方便保存，菹几乎是家家户户必备的菜肴，长安的市场上有很多专门出售菹的商贩。

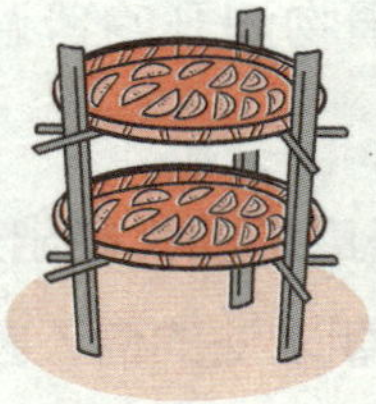

至于水果，由于统治者的重视，**唐代的果树**种植面积很大，不仅常见的**梨、桃、杏、枣、柿、樱桃等**果树得到进一步推广，还从域外引进了菠萝、波斯枣等。吃不完的水果还能**制成果脯、果干**等，留到冬天再吃。

烹饪离不了油。唐朝之前，人们大多只能食用动物油，包括***猪油、羊油、鱼油等***，到了唐朝，植物油开始普遍用于烹饪菜肴。

当时的***植物油主要是芝麻油***。得益于磨坊的大量出现，芝麻油的产量比原来高出不少，日本来唐朝求法的僧人圆仁在书中说，他曾经在曲阳县（今河北省保定市辖县）的山中，碰到买油归山的僧人，队伍中用来驮油的毛驴有整整50头，可见当时芝麻油的需求十分旺盛。

植物油的产量提高，也带来了烹饪方式的变革。***油炸类面食***在唐朝变得十分普遍，***油槌和捻头***就是当时十分流行的油炸食品，在街头就能买到。***油槌是一种球形面食***，种类很多，根据馅料的不同，可以分为***金栗油槌、樱桃油槌***等，吃起来酥脆可口，满口留香。***捻头和现代的馓子类似。***

另外，唐朝炒菜在整个菜肴体系中的占比也逐渐提高，无论蔬菜、鸡蛋还是肉类，都可以用炒来加工。不过，由于油价昂贵，唐朝的炒菜远远没有达到普及的程度。

隋唐时期，鲙也是十分流行的美食。所谓的鲙，就是我们现代所说的**生鱼片**。

鲙是餐桌上的常客，也是招待客人的绝好佳肴，做法多种多样，比较有名的有***“金齑玉脍”“天孙鲙”“丁子香淋脍”***等。

杜甫还专门在诗中写过一次吃黄河鲤鱼脍的场景。诗中，友人在严寒的冬季特意为杜甫捕到了一条鲤鱼，用娴熟的手法制成鲙，直到放下筷子，杜甫仍然意犹未尽，感叹着***“放箸未觉金盘空”***。

国学小百科

脍

先秦时期，脍指的是切成细丝的生肉。中国有长达几千年食用生鱼片的历史，早在周朝，大将尹吉甫就已经把生鲤鱼片当作庆功宴的主菜了。《礼记》中说，吃脍时，春天要用葱来调味，秋天要用芥末。魏晋南北朝之后，牛、羊等肉制成的脍越来越少，最后只剩下了生鱼片，还衍生出“鲙”字，专门用来指生鱼片。

不过，***唐朝时期北方的鲙***，绝大多数都是用***淡水鱼***制成的，淡水鱼体内有很多细菌和寄生虫，吃多了难免会得病，史籍中有很多因为贪吃生鱼片而患病的记载。所以，鱼鲙虽然美味，贪吃就有风险了。

总体来说，***唐朝的经济更加繁荣，社会也更加稳定，餐桌上的饮食也更加丰富。***

第十二节 宴会繁多

——唐朝人的聚会风气

宴会是**社交与饮食完美结合**的一种形式。早在原始社会，部落会在**祭祀或举办庆典活动时聚餐**。到商周时期，宴会的形式更加丰富多彩，名目也越来越多。

到唐朝时，宴会更是成为生活中占比很高的一项活动。一方面，**唐朝的社会风气比较开放，人们喜欢交游，宴会无疑是最佳选择**；另一方面，**唐朝经济繁荣，社会稳定，带动了饮食行业的发展，大量酒楼、食店的出现，也为举办宴会提供了场地。**

唐朝宴会名目繁多，其中最隆重的要数***皇帝赐天下的大酺（pú）***了。举行大酺的原因，包括立皇太子、更改年号、祭祀天地山川及征服敌国等，一般都与皇家的大事有关。根据统计，***唐太宗一共赐大酺九次、高宗十三次、武则天二十次、玄宗十五次***，可见，皇帝们也是非常爱热闹的。

大酺期间，皇帝会赏赐百官，大赦天下，无论城乡，百姓们都可以任意***聚会饮酒***、***歌舞嬉戏***，不受限制。在长安和洛阳这样的大城市，还有各类杂技表演和庆祝活动，围观的百姓把街道挤得水泄不通，就像盛大的节日一样。

国学小百科

宴席

此外，皇帝还会在各种节日赐宴。除了最盛大的除夕宴会，正月晦日、寒食节、上巳日、重阳节和中秋节，都是宴饮的好日子。唐朝诗人张籍在《寒食内宴》中描绘了皇帝在寒食节赐宴的盛大场景。宴会在皇宫举行，宫里到处都悬挂着彩旗，餐桌上摆满了食物，有干粥、醴酪、冬凌粥、子推饼、馓子等。除了百戏和歌舞，还有马球比赛等各类活动，十分有趣。

在唐朝的宴会上，你会发现**两个**和以前不同的地方。

首先，原来的分餐制改成了**合餐制**，**这就是我们现代合餐制的源头**。大家都坐着推杯换盏，一起吃桌上的菜；

其次，椅子和桌子都变高了，坐上去比原来的马扎和跪坐舒服多了。

曲江游宴是***唐朝乃至中国历史上最著名的宴饮活动***之一，从***中宗神龙元年***（705 年）开始，一直延续到***僖宗乾符年间***（874 ~ 879 年），历时 170 多年。唐朝初期，***曲江的宴会是皇帝为了安慰落第的举子举行的***。

到中宗时，朝廷不再为落第的学子赐宴，改为***赐宴给新科进士***。每年三月放榜之后，金榜题名的进士们都会骑上高头大马，穿上华服，游览曲江美景，然后品尝美酒佳肴，皇帝也会亲临现场。

会食是起源于唐朝的一种很有特色的宴会形式。当时，唐太宗发现，每次退朝稍微晚一点，官员们的肚子就饿得“咕咕叫”，于是下令赐他们一顿饭。

由于大家都是坐在宫殿飞檐下吃饭，所以，这顿饭被称为**“廊下餐”**。到唐睿宗时，皇帝明确规定，**每天的职事官，五品以上及员外郎，都可以获得朝廷赏赐的主食和羊肉**。不过，羊一共只有三头，分到每个人嘴里，恐怕也没有几块了。**“廊下餐”其实就是中国最早的“工作餐”。**

国学小百科

廊下餐

到后来，这种廊下餐的形式逐渐普及到全国，上至宰相，下到九品小官，只要是上班时间，政府都会免费提供一顿午饭。夏天有防暑餐，冬天有热腾腾的汤饼，在这方面，皇帝还是很够意思的。可别小看这顿工作餐，按照当时的说法，廊下餐有三大作用：一是不耽误政事，提高工作效率；二是通过会食时的礼仪来教导百官；三是增加官员之间的感情，使他们相处起来更加融洽。

对于爱交际的唐朝人来说，这些宴会是远远不够的。***唐朝的宴会，名目繁多，满月宴、生日宴、庆功宴、结婚宴、升职宴、饯行宴、接风宴等，这些都是十分常见的宴会种类。***总之，对于唐朝人来说，只要有机会，就一定要聚在一起喝酒吃肉，对他们来说，这才是生活。

第五章

宋元明清

第十三节 食肆林立

——走到哪都不能饿肚子

和唐朝相比，***宋朝***的粮食种类没有什么很大的变化。不过，作为历史上最富裕的朝代，宋朝人的生活比起唐朝人的，的确滋润不少。

宋朝的小麦产量比唐朝更高，磨坊的数量也大大增加，面食的分类更加精细。当时最流行的面食加工方式是蒸，最流行的食物是馒头。

宋朝的馒头花样繁多，有羊肉馒头、灌浆馒头、鱼肉馒头、蟹肉馒头等。而且，当时的包子已经十分流行。包子和馒头的最大区别，就是馅的多少：馅多皮薄的是包子，馅少皮厚的是馒头。

“角子”也是宋朝十分流行的面食，上至帝王，下至百姓，都把“角子”当作美食，还有在冬至日吃“角子”的习俗。现代很多地方有冬至吃饺子的习俗，饺子就是由此演变而来的。

国学小百科

饺子

在传统文化中，饺子象征着团圆、喜庆和人们对美好生活的向往。在漫长的历史发展过程中，饺子有很多不同的名字。

相传，饺子是“医圣”张仲景发明的，刚开始里面包的是药材，用来预防人们的耳朵被冻坏。到三国时期，饺子被称为“月牙馄饨”，南北朝时期称为“馄饨”，唐朝称为“偃月形馄饨”，到了宋朝饺子即称为馄饨，也称为“角子”，元朝和明朝称为“扁食”，清朝时才称为“饺子”，一直延续到现代。

说完了面食，咱们再来看看肉食。宋朝养猪业发达，猪肉价格比起唐代低廉了不少，就算不是年节，百姓也能经常吃到猪肉。

猪肉虽然普通，却也能做出各式各样的美味。***苏轼是宋朝有名的“吃货”***，在黄州时，他曾亲自动手烹饪红烧肉。后来，这种红烧肉就被大家称为***“东坡肉”***，直到现在仍然是一道名菜。苏轼是宋代地地道道的美食家，除了“东坡肉”，他还发明了***东坡羹、东坡饼、东坡鱼等***各类美食。

风水轮流转，猪肉“价贱如泥土”，**羊肉却成了难得的珍品美味。**

羊肉在宋朝的地位非常高，上层贵族们非常喜欢吃羊肉，以至于宫廷里的肉类几乎全是羊肉。而且宋朝的文人写了很多赞美羊肉的诗词，比如，***苏轼***写过***“秦烹唯羊羹”***，意思是秦中的美食就数羊肉做的羹；***陆游***也写过***“栈余羊绝美”***，意思是客栈里的羊肉真是绝美。

在《梦粱录》中，宋朝人吴自牧列举了生活必需八件事：柴、米、油、盐、酱、醋、茶、酒。

从这里可以看出，在宋朝，食用油已经开始进入千家万户，成为生活必需品，这得益于当时食用油种类的丰富。除了原本的芝麻油，宋朝还出现了菜籽油、豆油等，这些油的价格都比芝麻油便宜不少。食用油的普及，带来了烹饪的革命，炒菜成了百姓餐桌上的常客。

在宋朝人眼里，***喝茶与吃饭一样，都是日常生活中必不可少的***。无论是城市还是乡村，路边都能看到专门卖茶的茶肆，里面不仅能喝到各种茶水，还有说书的、弹曲的，是宋朝人最喜爱的娱乐场所。

斗茶

宋朝前期的饮茶方式和原来相同，都是煎茶。后来，宋朝人在煎茶时不再加入其他香料和调味品，而是注重茶本身的口感和风味，中国人的饮茶习惯，从此进入清饮模式。宋朝人嗜好喝茶，还衍生出了“斗茶”的风俗。每到新茶上市，斗茶者就会拿出自己最好的茶叶，或十几人，或五六人，聚在一起轮流烹煮，相互品评，以分高下。

国学小百科

宋朝是历史上商业最发达的朝代。虽然绝大多数宋朝人仍然保持着一日两餐的传统，但是，比起唐朝，他们的饮食不仅更丰富，也方便多了。

宋朝取消了唐代的“坊市制”，酒肆不再像唐代一样，被约束在市坊之间，还形成了专门供人们聚会玩闹的场所，可以通宵玩乐，当时的人称之为***“瓦子”***。夜生活丰富的宋朝人，又给自己加了一顿晚餐。至于街道两边，更是店铺林立，不仅有***卖包子、馄饨、面条等各类主食的***，还有专门***卖茶的、卖酒的、卖“香饮子”（用水果和香料等制成的饮料）的***。如果你觉得这些小吃不能满足自己的胃口，还有各大酒楼敞开着大门在欢迎你。即使在凌晨，你也能找到正在营业的餐馆。如果你连门都懒得出，还可以吆喝一声，点上一份“外卖”，小哥很乐意帮你送货上门。

而且，在宋朝的餐桌上，你会发现很多非常精美的陶瓷餐具。***中国是陶瓷的故乡***，早在商朝，我国就出现了最早的***原始瓷***。

宋朝是我国瓷业最发达的朝代之一，当时的名窑遍及大半个中国，其中最有名的是***“五大名窑”：汝窑、官窑、哥窑、钧窑和定窑***。宋朝人烧制的瓷器，通过丝绸之路远销海外，在全世界都享有盛名。宋朝瓷业的发达，将瓷碗带入了千家万户。

国学小百科

碗

碗不仅是吃饭的工具，也是历史演变的见证。从新石器时期的陶碗，到商周时期的原始瓷碗，到汉朝的漆碗，再到唐朝的彩绘瓷碗，碗的材质不断变化，造型也越来越多样。到宋朝时，随着陶瓷技术的成熟，碗的造型更加丰富，釉色更加多样，纹饰也达到了前所未有的高度，使普通的碗有了丰富的美学价值，成为人们追捧的收藏品。中国的饮食文化源远流长，碗作为最基本的组成部分，既是饮食方式的传承，也是文化的传承。碗，取谐音“挽”字，意为挽留之意，象征寓意较好。

生活在宋朝是一件比较幸福的事，至少在和平年代，***走到哪里都不用为吃饭发愁，日子也算丰衣足食***。不过，随着金人和蒙古人的南下，老百姓的生活发生了翻天覆地的变化，就连生命安全也很难保障。***直到元朝建立，政局才重新稳定下来。***

和宋朝相比，元朝的饮食结构没有发生很大的变化，所以，咱们就不赘述了。

第十四节 中外交流

——高产作物和西餐的引进

明朝基本继承了前代的饮食，但小麦和水稻的产量比原来高了不少。***在黄河中下游地区，小麦的种植面积超过耕地面积一半，统治阶层的主食都以小麦为主。***

随着经济重心彻底南移，***南方地区水稻品种不断改良和种植面积不断扩大，大量稻米可以通过漕运运往北方***，所以稻米对北方人来说，也是时常能够吃到的食物。

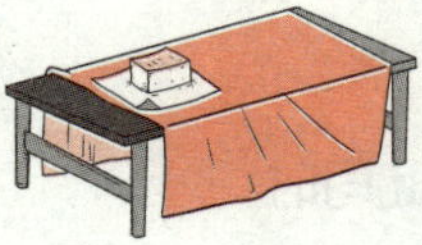

在明朝，***豆子***已经失去原来的主食地位，变成了一种副食，***还可用于加工酱油、豆腐等副食***。值得一提的是，原本作为“奢侈品”的豆腐，在明朝已经十分普及，品质也比原来好了不少。

除了传承前代的各类饮食，明朝还引进了很多外来作物。永乐年间，***郑和率领船队七下西洋，开通了很多远洋航线，中国的丝绸、茶叶、陶瓷等商品源源不断地输送到全世界。***与此同时，国外的很多作物也传入中国，现在我们餐桌上很多必不可少的食物，就是那时候传入的。

这些外来作物，***包括辣椒、番薯、马铃薯、番茄、玉米、向日葵、花生等***。其中，辣椒原产于南美洲，是调味的重要原料；番薯、玉米和马铃薯的原产地也在美洲，这三种作物最大的特点就是产量高，富含营养物质，食用方式多样，可以蒸着吃、煮着吃，还能制成各类食品。我们现在常吃的红薯粉就是用番薯做成的；向日葵和花生是榨油的重要原料，榨出的油价格比麻油要低上不少。***由于这些作物比较耐旱，很多原本无法用来种植的荒地和山地被开垦出来，种上了粮食，缓解了明朝因为人口增长而造成的粮食短缺现象。***

我们能吃到辣椒，都要
感谢郑和呀。

到清朝时，来自**美洲的高产作物**得到进一步推广，18世纪中期，大江南北都已经**开始种植玉米**，这也是当时人口急剧增长的原因之一。

明清时期是中国饮食的成熟时期，现在我们所吃的大部分中式饮食，在当时都已经基本成形。由于各地区食材和饮食习惯的不同，逐渐形成了各具特色的**“八大菜系”**。

国学小百科

八大菜系

清朝初期，鲁菜、苏菜、粤菜和川菜成为当时最有名的地方菜，被称作“四大菜系”；到清代末期，浙菜、闽菜、湘菜和徽菜四大菜系终于成形，与之前的四大菜系共同构成了中国的“八大菜系”。

清朝也是西方饮食的输入时期。鸦片战争爆发后，西方的饮食开始进入中国，西餐馆在大城市遍地开花，现代人常喝的***咖啡、啤酒、汽水等***饮料也在那时传入中国。

据***《清稗类钞》***记载，清朝的中国人已经掌握了***面包***的制作方式。为了满足中国人的口味，很多西餐的制作方式开始本土化，做出来的东西综合了中西方口味，很有当时的特色。

西方饮食输入中国的同时，中国的饮食也随着轮船漂洋过海，被出国的华人带到世界各地，直到现在，***中国的餐馆仍然遍及世界各个角落。***

饮食的发展中，蕴藏着中华历史发展的细节，也蕴含着丰富的传统文化和文明礼仪。“一日三餐”、馒头、米饭、碗筷……这些我们现在习以为常的事物，实则有着深厚的文化底蕴，凝结着祖先的智慧和汗水，需要我们去传承和发展。珍惜粮食，好好吃饭，就是送给他们最好的礼物。